유튜브의 정석

유튜브의 정석

만개의 직업을
찾아가는
유튜버
「직업의 모든 것」

황해수 지음

YOUTUBE BIBLE

BOOK AGIT

추천사

Dacom 계약직으로 사회생활을 시작, 삼성그룹 공채, 언론사, 벤처, 통신 회사, 포털 등을 거쳐 공무원, 공공기관장 등 15개 정도 회사 경험을 가진 저로서는 알바로 세상을 배우고, 유튜브로 직업의 모든 것을 이야기하는 황해수 작가의 진심을 알 수 있습니다. 독자들도 작가의 이야기를 통해 직접 경험하지 못한 일들의 대리 경험을 얻기 바랍니다.

— 쿠팡 전 부사장 김철균

4차산업 -A.I.시대는 기술의 시대이기도 하지만 콘텐츠의 시대이기도 하다. 모든 일과 직업에는 콘텐츠 적 접근이 중심이다. 시대를 리드하거나 따라가려면 이 책을 무조건 보아야 한다.

— 코웨이 고문(부회장), 한국 마케팅협회 회장 이해선

2시간이 넘는 촬영 분량에서 30초짜리 핵심을 뽑아 200만 조회 수를 만들었다. 핵심 도출, 콘텐츠는 그게 핵심이다. 대단한 크리에이터다. 그 비결이 책 한 권에 다 들어있다.

— 선양소주 회장 조웅래

2013년부터 유튜브 채널을 운영하고 MCN 샌드박스 네트워크를 창업하면서 정말 많은 크리에이터와 채널을 봐 왔다. 그중 「직업의 모든 것」 채널은 이 책의 저자인 핵심 등장인물 황해수를 필두로 대체가 불가한 개성 있는 세계관을 만듦과 동시에 많은 유튜브 채널에 영감을 주는 멋진 모범 사례로 훌륭히 성장하고 있다. 그 치열한 과정 속 저자가 마주한 유튜브 세상 속 이야기들은 많은 크리에이터 지망생과 새로운 꿈을 찾는 사람에게 가장 훌륭한 바이블이 될 것이다.

— 샌드박스 네트워크 창업자 도티

고객이 있고 가치 있는 일은 업이 될 수 있다는 믿음을 주는 안내자가 되어 주시는 분

— 싸이월드 창업자 이동형

다양한 직업 소개를 통해 인생에서 가장 큰 선택 중 하나인 진로에 대한 간접적 체험 할 수 있도록 도움을 준 황해수 대표의 책 출간을 축하합니다. 앞으로도 많은 젊은이들에게는 꿈과 제2의 인생을 출발하는 중년들에게 희망의 불씨가 되어 주기를 희망합니다.

— 과천시장 신계용

이 책을 통해서 우리나라의 4차 산업혁명을 이끌어 나가는 혁신적인 인물은 물론이고 산업 생태계를 조성하는 혁신적인 기업이 탄생하기를 기대해 본다.

— 전 대구광역시 행정부시장 채홍호

저자를 지켜본 지 3년이 넘었습니다. 관악구 청년정책위원회에 참여하고 있는 저자는 청년다운 패기, 도전 정신, 열정이 딱 들어맞는 활동가입니다. 6년 전 『나는 알바로 세상을 배웠다』라는 책에서 보여 줬던 저자의 성실한 역량이 『유튜브의 정석』을 통해 청년들의 도전 정신에 본보기가 되리라 믿습니다.

— 서울 관악구 구청장 박준희

세상은 매분 매초 변한다. 그 변화에 휩쓸려 길을 잃는 사람이 있는 반면 제대로 읽어 내고 대비해 기회로 만드는 사람이 있다. 황해수 작가의 이야기는 변화를 기회로 만든 이야기다. 만약 당신이 삶을 온전히 자신의 것으로 만들고자 한다면 그의 이야기가 썩 괜찮은 답이 될 것이다.

— 전 수원시의회 의장 조석환

그는 단순히 구독자 숫자만을 늘린 것이 아니라 늘 새로운 비전과 철학을 가지고 다채로운 모델과 구상을 보여 줬다. 기계처럼 영상 찍고, 편집하고, 업로드만 하는 것이 아니라 구독자가 볼 수 없는 영역에서 정말 많은 노력과 기획을 했다. 시청자 입장에서 얼핏 쉽게 보이는 영상 뒤에는 수많은 노력과 눈물이 있음을 알 수 있다.

— 전 청와대 홍보수석실 근무 양찬성

저자가 유명 유튜버로 자리 잡은 후 「직업의 모든 것」을 비로소 알게 된 한 명의 평범한 구독자로서, 그가 '레드오션'에서 실천했고, 실천하고 있는 '남다른 노력'에 경의를 표하게 되었습니다. 저도 무엇이 됐든, '도전해 보고 싶은 본심을 부정할 시간에 그것을 시도해야겠다'라는 생각에 가슴이 뜁니다!

— 서울중앙지방법원 판사 김동호

인생을 살다 보면 언젠가는 반드시 '한계'의 기로에 서게 된다. 여기서 안주를 선택할 수도, 돌파를 선택할 수도 있다. 이 기로에 황해수라는 사람도 섰다. 그리고 이 책은 그가 '어떤 선택을 해 왔는지'의 기록이다. 그 선택의 결과가 어떠했는지는 이제 모두가 알고 있다. 그는 평범함을 뛰어넘어 특별한 사람이 됐다. 이제 그 선택의 방법과 사고방식을 이 책에서 만나 보자.

— 베스트셀러 『킵고잉』 저자, 유튜버 주언규

마이크도 없이 휴대전화 카메라 하나 달랑 들고 이 치열한 유튜브 시장에 뛰어들어 어느덧 100만 구독자와 함께하는 메가 유튜버가 된 '직업의 모든 것'. 유튜버를 꿈꾸거나, 콘텐츠를 만들고 기획하는 사람이라면 이 책을 꼭 읽기 바란다.

— 베스트셀러 『더보스』 저자, 프랜차이즈 완미족발 대표 안대장

세상이 불공평하다고 생각하는 사람이 많다. 나 또한 그랬다. 거기서 패배자가 되어 합리화만 하고 살지, 공략집을 찾아서 자본주의에서 승리할지는 본인에게 달려 있다. 이 책은 그 누구보다 어려운 환경에 있었지만, 열등감 하나로 자본주의를 돌파한 이의 지식이 담겨 있다.

— 베스트셀러 『역행자』 저자, 아트라상, 이상한마케팅 대표 자청

조회 수 6억 4천만 뷰, 100만 구독자의 이유 있는 선택! 지난 5년 동안 힘들게 얻은 노하우를 이 한 권에 담았다니 어찌 흥미진진하지 않을 수 있겠는가.

— 베스트셀러 『돈그릇을 키우는 6가지 방법』 저자, 조조칼국수 대표 김승현

유튜브의 현실을 '있는 그대로' 다룬 바이블이 탄생했다. 저자는 이제까지 누구도 쉽게 말할 수 없고, 말하지 못했던 유튜브 성공 방정식을 거침없이 탐구하고 그 해답을 들려준다. 유튜브에 관심 있는 사람은 물론이고 나만의 블루 오션을 찾는 모든 사람의 긍정적 생각과 세계관을 확장하고, 협업 등 지속 가능한 발전 방법을 담담하게 들려주는 책이다.

— 제51대 육군사관학교 학교장, 예비역 육군 소장 고성균

'오늘밖에 없다고 생각하는 절실한 사람에게 내일은 더 가까이 온다.'라고 생각을 하고 살아왔습니다. 저자를 통해 인생의 절실함과 더불어 변화와 도전에 대해 경험하고 배움을 얻었습니다. 그리고 더 나은 삶에 대해 한 발짝 더 가깝게 된 것 같습니다.

— BMW 전체 판매 1위/ 국내 수입차 전체 판매 1위(누적 매출액 3,000억)
코오롱모터스 상무 구승회

직업은 '인간이 태어나서 어떤 인생을 살아가는가?'에 매우 큰 영향을 준다. 저자는 「직업의 모든 것」을 통해 우리에게 다양한 직업에 대해 보여 주었고, 누구보다 많은 사람의 삶을 엿보았다. 그런 그가 이 책을 통해 보여 주는 이야기는 어쩌면 당신의 삶에 크고 작은 변화를 가져다줄 수도 있다.　　　　　　　　　　　　　　━ 경상북도 청년CEO협회 회장 박창호

저자와 새벽부터 밤까지 하루를 꼬박 함께하였다. 초심을 지키고자 겸손함을 가득 품은 그는 굉장히 솔직하고도 엉뚱한 호기심과 상상력을 가졌다. 저자의 글 중 이런 글귀가 깊이 와닿았다. "나는 내가 느끼는 도전과 희망의 아름다움을 다른 사람도 느꼈으면 하는 마음을 항상 가지고 있다." 100만 유튜버가 되기까지 그의 값진 경험과 배움을 공유하고 나누고자 함을 알 수 있다. 부디 이 책을 통해 도전과 희망을 넘어 아름다운 결실을 보길 바란다.
━ 이천문화재단 대표이사 이응광

인터뷰 유튜버로서의 기획과 콘텐츠에 관한 저자의 모든 노하우와 인간 황해수로서 자신의 이야기를 진솔하게 풀어낸 이 책을, 성공을 꿈꾸고 동기 부여가 필요한 많은 사람이 읽기를 바랍니다.　　　━ 프랜차이즈 두마리 찜닭 두찜, 떡볶이 참 잘하는집 떡참 회장 이기영

개인들이 가진 작은 지혜가 모여 사람이 위대해질 수 있는 것처럼 황해수라는 선장이 모아온 우리 시대 지혜의 등불이 한 권의 책으로 유산이 되었음에 기쁜 마음입니다. 그리고 시대를 이끌고자 하는 많은 이가 읽었으면 하는 바람입니다.
━ 프랜차이즈 뜸들이다 CEO 강진석

지켜야 할 건 속도(구독자 수)가 아니라 방향이라는 것을 올바르게 증명해 준 유튜버.
━ 프랜차이즈 유미카츠 CEO 장규운

「직업의 모든 것」이 보여 주는 다채로운 삶의 모습들은 미래를 고민하는 청년들에게도, 인생 제2 막의 꿈을 이루고 싶은 중, 장년층에게도 새로운 기회의 문을 활짝 열어 줄 것입니다. 삶이 막막하게 느껴질 때 이 책을 한 번 펼쳐 보시기 바랍니다. 찾고 있던 답이 이 안에 있을지도 모르니까요. ── 프랜차이즈 구도로통닭 CEO 김태균

「직업의 모든 것」을 아는 사람은 이 책을 읽어 보면 직모 유니버스 세계관에 함께하고 싶다고 느낄 거로 생각합니다. 단순 재미와 정보성으로만 봐 왔던 직모 채널을 여러 관점으로 보고 생각하게 되는 최초의 채널이 될 것입니다. ── 테이블 오더 티오더 CEO 권성택

저자는 유튜버 중 가장 노력하는 사람이다. 이 책은 100만 유튜버의 공략집이자 「직업의 모든 것」이 성장할 수밖에 없었던 디테일이 들어 있다. 유튜버가 되고자 한다면 반드시 읽어 봐야 할 책이다. ── 채널A 서민 갑부 100억 CEO, 아울디자인 대표 박치은

지상파 9시 뉴스, 나름대로 성공적인 커리어를 쌓고 세상으로 나왔지만 '방송의 문법'은 너무도 달라져 있었다. 20년 프로 방송인이지만 새로워진 미디어 환경에선 밤하늘에 무수한 별만도 존재감 없는 신인 유튜버에 불과했다. 방송인들이 앞다퉈 유튜브 채널을 열었지만, 모두가 성공한 것은 아니다, 아니 솔직히 유튜브로 먹고살 만한 사람은 손에 꼽는다. 우리 같은 직업 방송인이 봤을 때 상대적으로 '덜 전문적'으로 보였던 유튜버들은 기존 방송 문법을 비웃기라도 하듯 미디어 세계로 진격해 나왔다. 그리고 그 선두엔 「직업의 모든 것」이 있다. 기존 방송이 고수했던 성공 원칙과 유튜브 성공 원칙은 무엇이 다를까? 왜 직모의 채널은 방송 20년 한 조수빈TV보다 더 빠르게 성장하는가? 이 책을 펼치며 나도 그 성공 비결을 빠르게 흡수해야겠다는 결심을 해 본다. 미국에 가면 영어를 일본에 가면 일본어를 해야 하는 것처럼 유튜브에서 성공하려면 유튜브만의 언어를 배워야 할 테니까. ── KBS 공채 아나운서 조수빈

이젠 어엿한 100만 구독자를 자랑하는 유튜버 황해수 씨의 인터뷰 대상이 된 건 제 기자 생활에 큰 영광이었습니다. 정부도 학교도 못 하는 직업 교육에 나섰던 그가 이젠 본인의 직업과 인생의 노하우를 공유합니다. 두려운 마음으로 사회 첫발을 내딛는 모든 이에게 친절하지만, 때론 냉철한 멘토가 될 것이라 확신합니다.　　 — MBN 노조 사무국장 윤범기

제 직업 특성상 정말 가지각색의 직업을 가지고 있는 관객들과 함께 마술을 합니다. 「직업의 모든 것」은 직업을 넘어서서 인간을 이해하는 유튜브 채널이기도 합니다. 직업의 모든 것을 보면서 다양한 인간군상을 적나라하게 보여 줍니다. 저는 이 채널을 통해 많은 직업을 간접 체험하면서 인간의 이면을 이해하는 공부가 되었습니다. 독자분들도 이 책을 통해 자신만의 유니버스를 확장하는 계기가 되길 바라봅니다.　　 — 마술사 최현우

「직업의 모든 것」이라는 유튜브 채널을 통해서 실제로 많은 인사이트를 얻었지만, 이 책에서는 유튜브로 성공한 자신의 이야기를 진솔하게 풀어낸 인생의 성공 노하우를 찾을 수 있다. 가장 중요한 시기에 살고 있는 우리 세대들이 큰 영감을 받을 수 있는 책이다.
　　 — 자라 지점장 강기웅

「직업의 모든 것」이 탄생하기 전 저자를 만났던 그날이 생각난다. 열정 가득한 그의 눈빛에서 이미 게임은 끝났단 생각이 들었다. 5년 만에 증명해 낸 지금의 결과를 보아라. 유튜브로 성공하고 싶은가? 이젠 황해수의 모든 것을 배워야 한다.
　　 — 현대홈쇼핑 GA 사업단장 김형준

'과연 내가 될까?'라는 부정적인 생각을 '나도 할 수 있겠다'라는 긍정적인 생각으로 바꿔주는 책입니다. 어둡고 막막한 세상에서 희망찬 삶으로 변화되는 인생의 터닝 포인트를 만들고 싶은 분들께 추천해 드립니다.

— NABBA 코리아 파이널 그랑프리 남자 스포츠모델 부문 우승 보디빌더 정대진

이미 레드 오션인 지금, 유튜버로 성공하는 첫 번째 단계는 채널을 만드는 것이다. 두 번째는 이 책을 읽는 것이다. 그 이상은 없다.

— 아프리카TV BJ 대상 스포츠 부문 대상 BJ 거제폭격기

이 책은 저자의 소신처럼 "다른 삶을 살고 싶다면 다른 행동을 하라"의 저자만의 남다른 성공 비결이 담겨 있기에 다른 삶을 살고 싶다면, 반드시 읽어야 할 책이다.

— 라이브커머스 네이버 뷰티 동 시간대 판매 1위, 그립 뷰티 판매 1위 안은재

온라인에 유튜브가 있다면 오프라인에는 황해수가 있다. 사람과 컨텐츠를 잇는 탁월한 능력이 있는 그가 바로 걸어 다니는 플랫폼이다. — 노블마리아주 대표 한방언니

이것은 실전이다. 100만의 구독자를 실제로 만들어 낸 저자의 기록이자 그의 비법이 담긴 책이다. 그의 행적을 따라 시장을 조사하고, 분석하고, 포지셔닝하는 전략들을 체험함으로써 어떻게 유튜브 세계에서 성공적으로 자리매김하였는지 실전적 감각을 익힐 수 있다. 예비 유튜버는 물론, 마케터 혹은 사업가에게도 권하고 싶은 책!

— 매출 100억, 강남 맛집 삼육가 대표 서재학

저자는 내가 유튜브란 매체를 정보 수집의 매체란 사실을 인지하게 함과 동시에 알게 된 유튜버이다. 각각의 직업군을 단순 감언이설이나 달콤함만의 부각이 아닌 가감 없는 현실 그대로를 반영함에 있어 이런 사람이라면 나 역시 소설 같은 나의 이야기를 꾸밈없이 나눌 수 있겠단 확신이 들었고, 실제 그러했다.

— 전 펜디 MCM 패션쇼 모델, 잡지 GQ 에스콰이어 맨즈헬스 모델 최태건

유튜브나 해 볼까? 말로만 하지 말고 이 사람을 보아라. 유재석 같은 타고난 언변은 아니지만 이게 바로 노력의 결과다. '어떤 일을 해 볼까?' 하고 고민하는 분들에게 도움이 될 것이다.

— 한국암호화폐채굴협회 사무총장 장재윤

만인에게는 만 가지 삶이 있고, 만 가지 삶을 지탱하는 각기 다른 직업이 있습니다. 이 책에는 각기 다른 인간의 삶과 직업이라는 깊은 바닷속을 탐험한 황해수 작가의 소중한 경험과 성취가 녹아 있습니다. 여러분도 함께 느껴 보시기를 추천해 드립니다.

— 서울대학교 겸임연구원 박사 김훈

많은 사람이 충고해 주면 충고가 아니라 잔소리로 듣는다. 이 책에 나오는 충고가 유튜브를 하는 당신에게 어디서도 듣지 못했던 귀한 거름이 되어 줄 것이다. 책을 안 읽는 나도 읽었다.

— 이종격투기선수 유우성

저자는 삶을 대함에 마땅히 모든 존재가 가져야 할 '진중(珍重)'이 상실된 시대에 유튜브 자체가 아닌, 유튜브를 운영하는 주체로서의 인간에 주목한 거인(巨人)이다. 그리고 이러한 맥락에서 그는 누구보다도 치열하게 투쟁하는 철학자며 또 예술가다. 향후 이 책과 인연을 맺게 될 모든 이가, 창창히 넘실대는 '블루 오션'에 펼쳐질 아름다운 '직모 유니버스'를 만끽할 수 있으리라 믿어 의심하지 않는다.　　　　　　　　　　　　― 인플루언서 제갈건

30대 초반의 저자는 다른 30대 젊은이들과 달랐다. 달랐기에 지금의 저자가 존재한다. 평범하지만 평범하지 않은 그것은 바로 창의적인 사고와 생각이 지금의 저자를 있게 했다. 이 책은 창의적인 생각과 도전 정신으로 유튜브에 도전할 많은 이에게 도움이 될 책이다.
　　　　　　　　　　　　　　　　　　　　　　　　　― 유튜버 독거노총각(구독자 10만)

자신의 그릇을 키우는 것도 어려운데, 저자는 자신의 그릇을 키우는 걸 넘어서 타인의 그릇을 단기간에 키워 주는 놀라운 인물이다. 4년간 구독자 1,000명이었던 나는 저자를 만나고 1년도 안 되어 구독자 급상승 전국 1위를 하고, 구독자 10만을 달성했다.
　　　　　　　　　　　　　　　　　　　　　　　　　　― 유튜버 집공략(구독자 20만)

30대 초반 공장 일을 그만두고 1평짜리 고시원에서 성공적인 유튜버를 꿈꾸었지만, 레드 오션인 유튜브 세상에서 갈피를 잡지 못했다. 그러다 「직업의 모든 것」, 직모 논평을 보고 내 인생은 180도 바뀌었다. 이 책의 마지막 페이지를 넘길 때 당신의 관점, 세상 또한 달라질 것임을 의심치 않는다.　　　　　　　　　　　　― 유튜버 갈때까지간 남자(구독자 30만)

저자는 세상에 '직모'라는 '콜럼버스의 달걀'을 탄생시켰다. 언뜻 보면 누구나 할 수 있을 것 같지만 저자처럼 이런 파급력을 만드는 건 절대 쉽지 않다. 최초 유튜브를 시작했을 때 저자의 가장 옆에서 초고속 성장을 지켜봐 온 나로서 이 책에는 대중의 관심을 끄는 콘텐츠를 만든 그의 모든 노력이 집대성되어 있다.
— 유튜버 TV러셀(구독자 50만)

단 3년 만에 자신의 몸값을 100배 상승시킨 사람, 너무나도 평범했던 흙수저 청년의 성공 비결이 이 책에 녹아 있다.
— 유튜버 중고차파괴자(구독자 60만)

유명한 직장인 2대 허언이 있다. 바로 '퇴사'와 '유튜브'다. 이 책은 '유튜브 할래'가 더 이상 허언이 아닌 실천으로 바뀔 수 있게 도와준다. '레드오션'이라는 마음속 방해물이 생겨도 더 이상 레드오션을 겁내지 말자. 내 안의 블루오션을 발견하자는 작가의 응원에 힘찬 한 걸음을 내딛게 될 것이다.
— 유튜버 김짠부(구독자 60만)

자취남 콘텐츠도 「직업의 모든 것」에 영향을 받아 만들어졌습니다. 첫 추천사를 직모 님께 남길 수 있게 되어 영광입니다. '나도 유튜브 해 볼까?'란 생각을 가져 보신 분들이라면 읽어 보길 권합니다.
— 유튜버 자취남(구독자 70만)

유튜브의 길잡이, 유튜브의 교과서, 유튜브의 황제! '직업의 모든 것'이 책을 냈다. 2년 만에 구독자 50만을 달성한 나는 이렇게 말하고 싶다. '나도 유튜브를 해야겠다.'라고 단 한 번이라도 생각해 봤거나 이미 하고 있다면 이 책은 당신의 성공 길잡이가 될 것이다.
— 유튜버 휴먼스토리(구독자 100만)

새로운 세상을 「직업의 모든 것」으로 보았다. 그의 인사이트는 노력으로 길러진 성공 공식이다. 활자 속에 담긴 이야기와 노하우는 유튜브를 꿰뚫는 훌륭한 도구가 될 것이다. 읽고, 습득하고, 활용하라!　　　　　　　　　　　　　　　　　— 유튜버 삐맨(구독자 100만)

인터뷰 컨텐츠는 절대 다수가 자극적인 썸네일에 선정적인 출연자를 노출해서 조회수를 높이는 방식이다. 그러나 직업의모든것은 고유하게 인터뷰의 본질에 초점을 둔 채널이다. 그런 본질을 쫓는 사람이 연구한 책이라면 추천하고 싶다.

　　　　　　　　　　　　　　　　　　　　　　　— 유튜버 진용진(구독자 200만)

유튜브라는 레드오션을 블루오션으로 만들 수 있는, "직업의 모든 것"의 모든 노하우를 적어놓은 "컨텐츠의 모든 것"　　　　　　　— 유튜버 지무비(구독자 300만)

대한민국 절대다수 흙수저 중 하나, 그런 그가 몸뚱이 하나로 유튜브에서 성공한 방법.

　　　　　　　　　　　　　　　　　　　　　　— 유튜버 야미보이(구독자 700만)

당신이라는 블루 오션

2005년, 미국 실리콘밸리 IT 기업 종사자인 세 청년은 자기들의 파티 영상을 친구들에게 공유하기 위해 유튜브라는 동영상 공유 서비스 플랫폼을 만들었다. 그런 소소한 이유로 시작했지만, 누구나 영상을 업로드하고 정보를 공유할 수 있다는 강점은 특별했다. 그리고 IT 세대의 요구와 잘 맞아떨어졌다. 유튜브는 1년 만에 가입자 수 1천만 명, 일일 업로드 동영상 수 6만 5천 개를 돌파하며 무서운 속도로 성장했다.

얼마 후 유튜브의 가능성과 잠재력을 눈여겨본 거대 글로벌 기업 구글은 합병을 통해 유튜브를 인수했다. 그리고 2008년, 기존 시스템과 관련한 문제점을 보완하고 각국 언어로 서비스를 시작했다.

2009년에 이르러서는 새로운 전기도 맞이했다. 바로 스마트폰의 등장이었다. 유튜브를 인터넷에 연결하는 데 필요했던 시간과 공간의 제약을 스마트폰이 완전히 제거해 준 것이다. 덕분에 유튜브는 전 세계로 빠르게 퍼졌다. 2024년 현재, 전 세계 인터넷 이용자의 50%에 해당하는 25억 명이 유튜브 플랫폼 이용자로 등록되어 있다.

국내 인터넷 사용자 역시 IT 강국의 국민답게 유튜브에 빠르게 적응했다. 현재 국내에서 한 달에 유튜브 애플리케이션을 1회 이상 이용하는 사람은 4,050만 명 이상이며, 크리에이터로 등록되어 수익을 창출하는 계정만 10여만 개 이상 달한다고 한다. 그야말로 친구의 친구, 엄마 친구의 아들, 사촌 형의 아내가 유튜버로 활약하는 세상이 된 셈이다.

자본주의 경제에서는 새로운 시장을 '블루 오션'이라고 부른다. 아직 많이 알려지지 않아 경쟁자가 없는 유망한 시장을 의미한다. 이 '블루 오션'에 뛰어든 사람들은 시장을 선점했다는 이점 덕분에 빠르게 시장에 자리매김한다.

유튜브 역시 마찬가지였다. 유튜브라는 새로운 마켓에 일찌감치 진입한 사람들은 수십, 수백만 구독자를 빠르게 확보했다. 그리고 그 영향력을 무기로 인지도와 경제적 성공을 계속 쌓아 나갔다. 그들의 성장을 지켜본 많은 사람이 크리에이터를 꿈꾸었다. '나도 유튜버 한번 해 볼까?' 하는 마음을 품게 된 것이다.

이는 개인만의 이야기가 아니다. 거대 기업, 방송 비즈니스 사업자들과 마케팅 관련 업체들 역시 시대적 흐름을 재빠르게 간파했다. 거대한 자본과 오랜 노하우로 무장한 기업들은 진출 즉시 수백만 구독자를 확보할 수 있었다. 이렇듯 거대 자본은 성공적으로 유튜브에 안착했다.

유명 연예인들도 앞다투어 채널을 오픈했다. 그들의 팬들과 기존 유튜브 이용자들이 구독자로 등록되면서 그들은 금세 대형 유튜버가 되었다. 유튜브 세계에서 벌어진 경쟁은 세상 어디보다 치열해졌다. 결국 유튜브는 고작 몇 년 만에 진입 장벽이 높은 '레드 오션'으로 변해 버렸다.

내가 「직업의 모든 것」이라는 채널을 개설한 시점은 2019년이었다. 이미 레드 오션에 몸을 맡긴 후발 주자인 셈이다. 그 탓에 나는 지금 유튜브 채널을 시작해 봤자 뭐가 되겠냐는 주변의 비아냥을 들어야만 했다. 그러나 현재 나는 어떤가? 어쨌든 수십만 구독자와 함께하는 채널로 「직업의 모든 것」을 키웠고, 나름대로 성공적으로 유튜브 세상에 안착했다. 어려운 상황이었지만, 만연한 레드 오션 안에서 나만의 블루 오션을 찾아낸 셈이다.

솔직히 나는 레드 오션을 부정적으로만 보지 않는다. 성공할 가능성이 상대적으로 크기에 사람이 몰려 레드 오션이 형성되었을 테니 말이다. "요새는 개나 소나 다 유튜버 하더라!"라는 말로 도전해 보고 싶은 본심을 부정할 시간에 차라리 시도해 보라고 나는 권하고 싶다. 어디든 시장이 크면 공략할 틈새도 많은 법이다.

태어날 때부터 유튜버에 적합한 사람은 없다. 타고난 재능보다 더 중요한 성공 요인은 하고자 하는 일에 과감하게 뛰어들어 변화를 민감하게 관찰하고 자기만의 방법을 찾아내는 것이다. 유튜브가 아닌 다른 영역에서도 마찬가지다.

출간을 제안받은 당시, 나는 독자들에게 어떤 이야기를 들려주면 좋을지 깊이 고민했다. '유튜브 세계에서 거둔 부와 성공'에 관한 스토리는 다른 유튜버분들이 이미 많이 다루었다. 굳이 나까지 그런 책을 낼 이유가 전혀 없었다. 거기까지 생각이 미친 순간, 내 책 또한 레드 오션일 수밖에 없다는 생각이 들었다. 그러자 유튜브라는 레드 오션 시장에 뛰어들어 자기만의 블루 오션을 찾아내고 싶어 하는 사람들을 위한 가이드와 조언을 주는 책이라면 관련 도서 사이에서 블루 오션을 만들 수 있으리라는 결론이 자연스럽게 났다.

나는 내 경험을 토대로 이미 '레드 오션'이 되어 버렸지만, 나만의 세계를 뚝심 있게 구축하여 지속 가능한 채널로 만들어 가는 방법을 독자분들에게 알려 드리기로 했다. 그것이 구독자와 독자들이 원하는 이야기일 거라 여긴다.

물론 내 생각이 완벽한 정답이라고 단정할 수는 없다. 그러나 처음 채널을 개설한 순간부터 몇 번의 우상향 모멘텀을 겪으며 배우고 느꼈던 것을 가감 없이 알려 드린다면 꽤 괜찮은 가이드가 되리라 믿는다.

내 채널 「직업의 모든 것」은 초기에는 화려한 영상미를 자랑하지도 않고, 유명인의 출연도 없었다. 값비싼 장비를 갖추지도 않았으며 스마트폰 한 대면 언제 어디든 촬영할 수 있는 수준의 영상을 업로드한다. 그 탓에 별것 아닌 듯해 보이기도 한다. 그러나 오히려 그런 게 내 채널의 매력이라고 나는 감히 말할 수 있다.

'이런 유튜브 채널도 자리를 잘 잡는데, 나도 할 수 있지 않을까?'하는 용기와 의욕을 북돋아 주기에 아주 적합하지 않은가!

나는 '블루 오션'을 사전적 의미 그대로 이해하지 않는다. 외부에 있는 어떤 것이 아니라 각자 내면에 숨은 잠재력이라고 말이다. 그리고 그것을 발견하고자 하는 노력이 새로운 시장을 창조해 낸다고 믿는다. 그런 노력을 기울여야 자기만의 고유한 장점을 찾아내고 계발할 수 있다. 그리고 세상의 어떤 변화에도 당황하지 않고 유연하게 대처할 수 있다.

부디 이 책이 그런 시도를 하는 누군가에게 용기를 주었으면

한다. 그리고 시도 하려는 그 누군가가 틀리지 않았다는 지지가
되었으면 한다.

그 시도가 언제 어떤 '블루 오션'을 만나 꽃이 필지는 아무도 모
르기 때문이다.

차례

MY YOUTUBE UNIVERSE
유튜브 세계에 유니버스가 필요한 이유

Chapter 1   유튜브를 시작하려는 그대에게

빅 히트로 이어지는 콘텐츠 기획법

PART 2 MY LIFE UNIVERSE
실제 삶에서도 유니버스가 필요한 이유

Chapter 3

헛발질과 조회 수 부진이
실패를 의미하지는 않는 이유

유튜브 세계에서 주도적 삶을 꿈꾸는 그대에게 보내는 조언

Chapter 4

PART

1

MY YOUTUBE UNIVER

MY YOUTUBE
UNIVERSE

유튜브 세계에
유니버스가
필요한 이유

언젠가부터 사람들은 내 채널 「직업의 모든 것」과 파트너십을 형성한 다른 채널과 쌓은 돈독한 관계를 '직모 유니버스'라고 부른다.

처음에는 단순히 '우주'라는 사전적 의미로 여겼는데, 그 의미를 좀 더 깊이 들여다보니 내가 생각한 바와 좀 달랐다. 알고 보니 요즘 한창 유행인 메타버스(Metaverse)라는 키워드의 합성어로도 쓰이는 단어로 '세계관' 또는 '세계를 보는 관점'으로 해석되어 창작물 스토리를 구성하는 데 쓰인다.

유니버스를 가장 잘 구축한 사례로는 우리가 잘 아는 할리우드 영화 '마블 시리즈'가 있다. 제작사 마블은 거대한 가상 세계를 구축한 뒤 각각 히스토리를 부여한다. 그리고 그 세계가 추구하는 목표를 이루어 줄 다양한 히어로를 만들어 캐릭터마다 스토리를 실어 주었다.

히어로들은 능력치도, 성향도 모두 다르지만, 사회 정의 실현이라는 공동 목표를 가졌다. 자기가 있는 곳에서 자기 방식으로 정의라는 가치를 위해 살아가는 그들은 지구에 닥친 커다란 문제를 해결할 때면 한 팀이 된다. 그리고 힘을 모아 위기에 대응해 문제를 해결한다. 그 후에는 다시 원래 자리로 돌아가 개인의 정의를 실현하며 살아간다.

마블은 유니버스라 불릴 만큼 큰 세계를 한 번에 내놓지는 않았다. 아이언맨, 캡틴 아메리카, 토르 등등 마블 세계관 속 히어로를 소개하는 솔로 무비를 시작으로 순차적으로 그들의 스토리와 세계관을 관통하는 역사를 쌓아 나갔다. 그렇게 알게 모르게 연결된 그들의 스토리를 다시 거대한 사건과 연결해 모두가 등장해야 하는 판을 깔았다.

히어로라 불리는 캐릭터들은 어떤 영화에서는 힘을 합치고, 어떤 영화에서는 서로 대립하거나 배신한다. 그러다가 다른 사건을 통해 화해와 통합을 이루는 연결성을 보여 주며 시리즈를 계속 확장해 나간다.

마블 영화를 보는 관객들은 자기가 좋아하는 특정 캐릭터 서사에 주목하고, 히어로가 성장하는 데 기대감을 지닌다. 더 나아가 그 히어로와 다른 히어로가 맺는 관계에 호기심을 품는다. 이러한 과정을 겪으며 관객들은 마블이라는 거대한 유니버스에 완전히 빠져 버린다.

마블의 예에서 알 수 있듯, '세계관'이라는 단어는 영화라는 장르에 머무르지 않는다. 게임, 웹툰, 웹소설, 예능 그리고 BTS같은 아이돌까지 넓게 적용된다.

최근 강화도 한 마을에 정착한 청년들도 세계관 구축을 통해 새로운 시도를 했다. 마을을 홍보하기 위해 커뮤니티를 만들고 다양한 로컬 콘텐츠를 개발하면서 '강화 유니버스'라는 용어를 만들었다. 현실 세계 마을에도 '세계관' 개념을 도입한 사례이다. 이처럼 유니버스라는 개념은 온·오프 경계를 넘어선 지 오래다.

'직모 유니버스'라는 말을 처음 들었을 때 내심 기분이 좋았다. 그러나 한편으로는 부담스러웠다. 그런 개념을 염두에 두고 유튜브를 시작하고 사람들을 만나지 않았기 때문이다. 당시에는 그런 단어가 있지도 않았고, 있었다고 한들 지금처럼 쉽게 통하는 말이 아니기도 했다. '친구들' 또는 '파트너십' 같은 인간관계 집단을 뜻하는 단어가 유니버스의 뜻을 대신하고 있었던 듯하다.

채널을 만들 때 나는 어떤 사람들이 내 구독자가 될지 알지 못했다. 단순하게 다양한 직업을, 현장 종사자들을 통해 알려 주고자 하는 마음만으로 시작했을 뿐이다. 그러나 영상이 쌓이고 구독자가 늘어나면서 점차 나이별, 성별, 지역별이라는 통계가 잡혀갔다. 그리고 어느 순간 20~40대 남성 90%가 구독자인 채널이 되었다.

채널 정체성을 정하는 주체는 분명 채널 개설자이다. 그러나 채널 영상에 흥미를 느끼는 시청자와 구독자가 유입되면 그 성격이 더 분명해진다. 다음 기획과 방향에 참고가 될 수밖에 없다. 통계의 힘은 다음 스텝을 어떻게 밟아야 하는지 명확하게 알려 준다.

나는 이 통계에 근거해 20~40대 남성이 가장 크게 관심을 가지거나 고민의 무게가 무거운 키워드가 무엇인지 고심했다. 그리고 군대, 취업, 자동차, 집, 결혼 등으로 추려 나갔다. 주제를 정리하니 내가 다음에 무엇을 해야 할지는 자연스럽게 정해졌다. 해당 분야의 각종 정보와 해답을 가장 잘 알려 줄 수 있는 사람들을 만나는 것이었다.

그런 순서로 콘텐츠를 만들다 보니 '직모 유니버스'라고 불리는 사람들과 인연을 맺게 되었다. 그리고 서로 좋은 시너지를 낼 듯한 사람들을 다시 소개해 주는 과정을 통해 또 다른 조합과 콘텐츠가 탄생했다.

부지불식간에 나 또한 세계관을 구축해 온 것이다. 그리고 스케일 차이만 있을 뿐 마블이 유니버스를 구축한 방식과 크게 다르지 않았다. 지금이야 구독자가 백만 명에 이르는 유튜버가 되었지만, 직모 유니버스로 불리는 우리가 만났던 5년 전만 해도 우리는 모두 2~3만 구독자를 가진 초보 유튜버였다. 각자가 가진 경험과 전문 분야 지식을 활용해 살아남고자 고군분투하는…….

우리는 유튜브 콘텐츠를 만드는 과정에서 협업이라는 이름으로 만나 서로를 성장시키는 엔진이 되었다. 더 나아가 인간적으로도 좋은 친구로 남았다. 앞으로 오랫동안 따로 또 같이, 언제든지 기꺼이 서로에게 도움이 되며 재미있는 프로젝트를 함께할 수 있는 유니버스의 일원이 된 것이다.

유튜브를 시작했거나, 시작하려는 여러분에게도 말씀드리고 싶다. 온전히 나 혼자만의 콘텐츠는 없다고. 나의 세계 또한 다른 세계관과 융합하고 협력하는 과정을 통해 더 큰 발전을 이룰 수 있었다고 말이다.

Chapter
1

유튜브를 시작하려는
그대에게

나의 정체성 파악에서
세계 구축이 시작된다

● ▶

유튜브를 시작하기로 한 당신이 부딪힐 첫 번째 난관은 채널 콘셉트를 정하는 일이다. 어떤 콘텐츠를 만들어야 사람들의 호응을 얻을 수 있을지, 정해진 주제로 콘텐츠를 지치지 않고 생산할 수 있을지 등등을 고려해 봐야 한다.

그렇게 고민에 고민을 거듭한 끝에 아이디어가 나와도 거기가 끝이 아니다. 세상에 없는 완전히 새로운 아이디어라고 생각했는데 누군가가 먼저 그런 콘텐츠를 만들고 있다는 사실을 알면 그 좌절감은 실로 엄청나다. 내가 꽤 잘한다고 여긴 어떤 일을 나보다 훨씬 더 잘하는 사람의 영상 또한 나를 절망하게 한다. '나 정도로는 안 되겠는데…….' 하는 생각이 절로 든다.

게다가 기업이나 방송사가 거대 자본과 유명인을 앞세워 오픈한 채널까지 보면 상황은 더 심각해진다. 이쯤 되면 '내가 뭐라고 유튜버야!' 혹은 '그래, 접자. 이건 도저히 안 되겠다.' 하고 체념한다. 다음 날 잠자리에서 일어나면 내가 유튜브 채널을 만들어 보려는 생각을 언제 했냐는 듯 유튜버를 향한 꿈은 기억에서 사라진다.

이게 대부분 유튜브를 시작도 하지 못하는 이유다.

이쯤에서 잠시 내 어린 시절 이야기를 해 보려 한다. 나는 고등학생 때 처음 아르바이트를 시작했다. 내성적인 성격을 고치고 싶었고 내 용돈은 내가 벌어야겠다고 생각했다. 그러나 그것은 표면적 이유일 뿐이었다. 실은 내게 맞는 옷을, 내가 만족할 답을 찾고 싶어서였다.

아버지부터 가까운 친척 대부분이 공무원인 탓에 우리 집안은 굳이 공무원이 아니더라도 안정적 직업을 선택해야 한다는 무의식에 강하게 지배받았다. 나 또한 그 지배에서 벗어나기 힘들었고, 어린 마음에도 그걸 의식한 듯하다. 그런데도 나는 그게 만족스럽지도, 기껍지도 않았다. 나는 더 자유로워지고 싶고, 더 크게 성공하고 싶었다. 다시 말해 내가 바라는 바는 안정적 직업이나 삶과 상당히 괴리되어 있었다.

나는 아르바이트를 통해 더 빨리 세상에 나가서 직접 겪고 부딪히며 내가 보완해야 할 부분들을 빨리 깨닫고 내가 원하는 일을 찾고 싶었다. 그 탓에 꽤 오랫동안 다양한 아르바이트와 직업을 경험했다. 그렇게 시간이 흘러 20대 중반이 되었을 때 나는 제대로 된 일을 하기로 했다. 그리고 내가 가진 것 중 내 일에 가장 메리트가 될 요소가 무엇인지 생각했다. 그리고 그게 바로 다양한 직업적 경험이었다.

그러나 유튜브 채널만을 생각한 건 아니었다. 블로그나 온라인 카페, 애플리케이션 등등을 모두 고려했다. 어떤 형태든 직업의 현실을 알려 줄 수 있는 아카이브형 플랫폼을 구축하는 게 목표였다. 그러나 블로그와 온라인 카페는 내 성향과 내가 설정한 대상층과 맞지 않는다는 생각이 들었고, 애플리케이션을 개발하려면 돈이 필요했다. 그때 유튜브에 시선이 갔다. 책을 사서 공부하고 영상을 접해 보니 재미가 있을뿐더러 상당히 새롭다는 느낌을 받았다. 게다가 나도 충분히 잘할 수 있겠다는 자신감도 들었다. 결국 내 경험이라는 자산을 충분히 활용하기에 이만한 플랫폼이 없다는 결론에 이르렀다.

이렇게 시작된 「직업의 모든 것」 채널은 현실적 직업 세계의 다양한 삶을 보여 주는 것으로 주제를 확장했다. 내가 앞서 말했듯, 나는 채널을 개설할 당시 주변의 비아냥을 들었다. 남들이 보기에, 내 채널 주제가 그럴듯하지 않았기에 더 그랬을 것이다.

여러분도 어쩌면 나와 같은 일을 경험할 수 있다. 아니, 더 심한 말을 들을 수도 있다. 그러나 나는 여러분이 거기서 멈추지 않기를 진심으로 바란다. 여러분, 혹은 여러분 주변 사람이 작다고 생각했던 콘텐츠도 변화와 확장 가능성이 있기 때문이다. 처음에는 자기중심적 출발을 해도 충분하다.

여기까지 왔다면, 이후에 고려해야 할 여러 문제도 해결된다. 혼자 할 것인가, 여럿이 할 것인가, 적절한 장비는 무엇인가 등등. 그러다 보면 초기에 어떤 콘텐츠를 몇 개 정도 제작할지 금방 방향이 잡힐 것이다. 구독자를 늘리고 싶다는 욕심에 잘 알지도, 잘하지도 못하면서 어설프게 요즘 트렌드를 따라가는 어리석은 짓은 하지 말아야 한다. 그게 바로 당신이 유튜브를 시작할 때 명심해야 할 사항이다.

어떤 캐릭터가 유튜브 운영에 유리하냐는 질문을 종종 받는다. 물론 나처럼 다양한 경험을 했거나 어떤 분야에 깊이 빠져 본 사람에게 유리할 듯하다는 생각이 들기도 한다. 그러나 그것 또한 철옹성 같은 기준이 될 수는 없다. 오히려 진짜 좋아하는데 직업으로 삼지 못한 일로 시작해 보는 편이 더 유리할 수도 있다.

너무 거창한 목표를 잡으려 하지 말자. 정말 좋아하는 것을 콘텐츠로 만들고 그것을 좋아하는 사람이 모인다면 여러분이 상상한 그 이상의 시너지도 기대할 수 있다. 유튜브는 그런 곳이다.

마지막으로 한 번 더 강조한다.

시작점은 내 채널의 정체성 파악이다.

PLUS TIP 내가 알고 있으니 남도 당연히 알리라는 생각은 금물!

어느 유명 요리 유튜버에게 누군가가 질문했다.

"유튜브를 어떻게 해야 잘할 수 있나요?"

그때 그 사람은 당신이 알고 있는 것을 모두가 안다고 착각하지 말라고 했다. 내가 알고 있는 당연한 것들이 대중에게는 의외의 것이 되어 반응한다고 말이다.

'내가 좋아하는 것을 해서는 시장이 너무 좁지 않을까?' 하는 생각은 버리는 편이 좋다. 살아 있는 생명체인 듯 자꾸만 변하는 시장처럼 유튜브 알고리즘도 수시로 바뀌고 있으니 말이다.

나는 왜 '직업'을
콘텐츠로 선택했는가

● ▶

채널 정체성을 정했으니 이제 다음 과정으로 넘어가야 한다.

바로 내 채널 이름을 짓는 것이다. 당시 나는 생각이 떠오를 때마다 채널명을 노트에 적었다.

'무슨 일 하세요?'

'너의 직업은?'

생각해 보면 멀미가 날 정도로 많은 후보가 내 노트에 오르내렸다. 몇 주 동안 써 놓은 이름들을 읽어 보고 곱씹던 나는 최종적으로 「직업의 모든 것」을 선택했다. 가장 명확하게 내가 하고자 하는 일을 상징적으로 표현하고 있다고 느꼈기 때문이다.

이름을 정한 후에는 내가 제작할 영상에 꼭 이런 내용을 담아야겠다는 강력한 기준을 세웠다. 오랜 시간을 투자해 얻은 직업이 현실이 되었을 때 겪을 상황, 일 이외에 부딪히게 될 여러 문제를 현직에 있거나 경험한 사람들을 통해 알려 주는 내용을 그 기준으로 삼았다.

예를 들어 많은 사람이 선호하는 직업인 의사로 생각해 보자. 학생 때부터 의사를 꿈꾸었다면 최소 10년 이상 공부에 매진해야 한다. 그렇게 어렵게 공부해서 의사라는 명함을 갖게 되었는데 의료 현장에는 차마 짐작하지 못하는 다양한 일이 벌어진다. 같이 일하는 선배 의사나 동료가 듣도 보도 못한 빌런일 수도 있고 전문의를 겨우 땄는데 면허를 딴 자기 전공이 적성에 맞지 않는다고 느낄 수도 있다.

공무원도 마찬가지다. 몇 년을 공부해서 겨우 합격했는데 조직 문화가 요즘 시대와 너무 달라 당황할 수도 있다. 대기업 사원역시 급여는 만족스러울지 모르지만, 상하 관계에서 생기는 의외의 상황이나 엄청난 업무량에 금방 지쳐 버릴 수 있다.

이럴 때마다 우리는 꿈과 현실에 난감해진다. 내가 꿈꾸었던 일을 하는 장소가, 내 직업이 마치 지옥처럼 느껴지는 비참한 상황에 놓인다. 그저 꿈만 부채질할 뿐 현실적인 문제점을 알려 주는 이가 없어 이런 문제가 생기는 게 아닐까 싶다. 그래서 나는 내가 만드는 콘텐츠가 직업과 관련한 다양한 참고 사항을 추가해 주는 예방 주사 역할을 하길 바랐다. 그게 바로 유튜브 플랫폼을 선택하지 않았더라도 내가 어떤 식으로든 하고 싶은 일이었다.

괜찮은 아이디어가 떠올라 콘텐츠 주제가 정해졌다면, 지속 가능성을 고려해야 한다.

누구나 시작할 때는 수십만 구독자 확보라는 거창한 내일을 기대한다. 하지만 3~4년 동안 100개 이상 영상을 올리고도 1만 명 미만 구독자를 가진 채널이 부지기수다. 오히려 이렇게 피드백이 없는 상황에서 그 정도나 영상을 올린 것이 대단하다고 느껴질 정도다. 20~30개 정도를 올려 보고 생각만큼 성과가 나지 않으면 그만두는 게 보통인데 말이다. 그런 현상에서 지속 가능성이 무엇을 의미하는지 알 수 있다. 자기가 좋아하는 것을 콘텐츠로 만들 때 지속 가능성도 발현할 수 있음을 말이다. 채널의 모든 것이 내게서 출발해야 한다는!

유튜브도 다른 직업처럼 힘든 일이 많다. 나만 해도 말 한마디, 문장 하나만 잘못 써도 수많은 질타를 받는다. 거의 매일 담당 변호사와 상담해야 하고 긴장을 늦출 수가 없다. 많은 분의 시선이 몰린 직업을 가진 탓이다. 그러나 여전히 나는 내가 유튜버라는 직업을 통해 누군가에 필요한 정보를 전달해 줄 수 있다는 사실이 기쁘다. 더 효과적으로 전달하기 위해 하는 세세한 작업이 성과를 거두었을 때는 행복과 희열을 느낀다. 유튜버라는 직업의 어두운 면이 나를 멈추게 하지 못하는 이유는 바로 이런 재미가 있기 때문이다.

PLUS TIP 인터뷰 콘텐츠의 단점

채널 지속 가능성을 보자면 「직업의 모든 것」만큼 좋은 주제는 없다고 생각할 정도로 나는 내 채널 방향성을 잘 잡았다고 생각한다.

전문 분야에 종사하는 사람이 자기 전문성을 무기로 열심히 콘텐츠를 만들어 가다가 1~2년이 지나면 더 이상 다룰 내용이 없다고 하소연하는데 나는 나와 직업이 같은, 다른 사람을 인터뷰해도 되고 시대가 변하며 새로운 직업이 만들어지기도 하기 때문이다.

내 콘텐츠란 실로 마르지 않는 샘물 같다고 볼 수 있다. 그러나 아주 큰 단점을 동시에 가지고 있기도 하다. 내가 아무리 콘텐츠에 확신하고 준비를 열심히 해서 인터뷰에 임하더라도 상대방의 컨디션에 영향을 너무 많이 받기 때문이다. 며칠에 걸쳐 자료 조사를 해 완벽한 질문지를 준비했어도 인터뷰이가 소극적인 태도로 일관해 시청자에게 전달할 만한 것이 전혀 나오지 않는다면 그동안 들인 노력은 물거품이 된다.

인터뷰 콘텐츠의 가장 큰 단점은 이처럼 콘텐츠를 내 의지대로 100% 장악하고 관리하기가 어렵다는 데 있다.

무엇을, 누구를
인터뷰할 것인가

● ▶

앞서 이야기한 시작 과정을 한 번 더 정리해 보겠다. 유튜브를 시작하기 전 결정해야 하는 사항과 그 순서는 아래와 같다.

1. 채널 정체성 파악 (콘텐츠)
2. 정체성에 부합하는 채널명 작명
3. 채널 콘셉과 콘텐츠의 지속가능성 고려

이제 마지막 단계이다. 바로 채널에 올릴 콘텐츠의 구체적 기획안 작성이다. 「직업의 모든 것」은 채널을 오픈한 지 얼마 지나지 않아 구독자 성격이 명확해졌다. 그 때문에 주 구독자인 2040 남성들이 좋아하는 키워드를 몇 가지로 압축했다. 군대, 취업, 자동차, 집, 결혼이 그것이다.

이제 큰 주제 안에 속한 세세한 소재로 콘텐츠를 만들면 되었다. 그래서 다른 채널보다 주제를 크게 전환해야 한다는 압박감은 덜했다. 반면 혼자서는 콘텐츠를 만들 수 없는 형식이었기에 누군가에게 의존해야 한다는 문제점이 존재했다.

지금부터 내가 하는 이야기는 처음부터 끝까지 혼자서도 콘텐츠 생산이 가능한 채널을 만들었다면 필요 없을 수도 있다. 그러나 내가 아닌 누군가와 함께하는 작업이 필요한 채널이라면 도움이 될 내용이리라 생각한다. 그건 내가 인터뷰이를 선정하는 방식에 관한 이야기다.

유튜브 초창기에 나는 페이스북을 검색해 독특한 직업을 가졌다고 여겨지는 분들에게 무조건 DM을 보냈다. 당시에는 친구 추가가 5,000명으로 한정되어 있었는데 발신한 메시지가 5,000개를 꽉 채웠을 정도였다. 그러나 지금은 반대로 제안해 오는 게 대부분이고 처리하기 힘들 정도로 제안 건도 많다. 그러니 선택을 잘해야 에너지를 허비하지 않고 원하는 수준으로 콘텐츠를 만들어 낼 수 있다. 내가 '각'을 잘 잡는다는 말을 듣는 비결은 인터뷰이를 잘 고르는 데서 출발한다고 해도 과언이 아닐 정도다. 그 정도로 인터뷰이 선정은 매우 신중해야 하는 일이며 아주 중요한 요소이다. 인터뷰이 선정에서 내가 중요하게 생각하는 사항은 아래와 같다.

첫째, 인터뷰이가 직업과 인생에 반전 서사를 가진 사람인지 미리 점검한다.

예를 들어 명문대생에서 트럭 운전사가 되었다거나 법조인 부모 가정에서 태어났지만, 불법적 일에 발을 들여 본 사람의 사연에 호기심이 동할 수밖에 없다. 의외성은 짧은 순간에도 그 사람들의 이야기가 분명히 재미있으리라 판단하게 하고 그 사람 사연을 듣고 싶다는 욕구를 강하게 자극하기 때문이다.

둘째, 인터뷰이가 말을 잘할수록 좋다.

여기서 말을 잘한다는 의미는 아나운서처럼 표준화된 어휘와 어투로 말하는 것이 아니다. 전달력 있는 표현으로 자기가 보고 듣고 느낀 것을 재미있게 들려주는 재능을 지녔음을 뜻한다. 원래 나는 사전 통화를 아주 간단하게 하는 것을 원칙으로 한다. 그러나 말재주가 좋은 분들과 통화하다 보면 질문이 계속 이어지곤 한다. 어떨 때는 30분에서 1시간이 걸릴 정도로 길어진다. 그런 분들은 질문 방향이 어떻든 간에 자기 방식대로 대답을 잘한다.

유튜브의 정석

심지어 이런저런 내용을 담으면 좋겠다는 제안을 역으로 하기도 한다. 만약 첫 번째 조건까지 갖춘 인터뷰이라면 더더욱 흥미롭다. 전혀 다른 경험을 하고 나서 현재 일을 하고 있기에 제 직업을 다양한 시각으로 설명해 줄 가능성이 크니 말이다.

우리는 직업 숙련도를 높이는 법을 알려 주는 채널이 아니다. 그래서 단순히 한 가지 일만 오래 한 사람보다는 경력에 상관없이 제 직업을 재미있고 공감할 수 있게 표현할 수 있는 사람을 섭외하는 게 좋다.

셋째, 마인드가 열려 있는지 유념해서 관찰한다.

인터뷰 제안을 먼저 하고도 막상 촬영에 들어가면 무언가 꼭꼭 감추는 기분을 느끼게 하는 분이 의외로 많다. 그리고 이런 분일수록 인터뷰를 하러 와서는 이 말을 해도 되는지 아닌지 스스로 고민하고 판단해서 자체 편집을 해 버린다. 그분이 편집해 버린 정보는 검색을 조금만 해 봐도 충분히 얻을 수 있는데 말이다.

마음이 닫혀 있는 사람은 직업 현실을 있는 그대로 보여 준다는 모토에 완전히 부적합한 인물이다. 그런 분들은 아무리 여러 번 촬영해도 새로운 정보가 나올 리 만무하다. 결국 나도, 그분도 시간만 낭비할 뿐이다.

넷째, 제안 메일에 성의가 얼마나 담겨 있는가!

물론 이번 항목은 절대적이고 가장 중요한 기준이라고 할 수는 없다. 그러나 자기가 출연해야 하는 이유, 구독자들에게 전하고 싶은 이야기와 포트폴리오까지 만들어 첨부해 보낸 것을 보면 눈이 가고 마음이 갈 수밖에 없다. 그 메일에서 간절함이 전해지기 때문이다. 간절함이 내가 하는 일과 연관성이 없다고 생각할 수도 있다. 그러나 일을 해 나가는 과정에서 혹시라도 문제가 발생하더라도, 이런 분이면 함께 방법을 찾고 해결해 나갈 수 있다.

유튜버는 콘텐츠를 만드는 데 적합한 방식이나 기준을 저마다 가지고 있다. 그런 기준이 있어야 실패를 줄이고 완성도 있는 결과물을 만들어 낼 수 있기 때문이다. 특히나 인터뷰이가 콘텐츠를 만들어 내는 데 50% 이상 비중을 차지하는 내게는 선별 능력이 반드시 필요하다.

이 기준들이 처음부터 정하고 시작하지는 않았지만, 시행착오를 여러 번 거치다 보니 적합한 분을 선별하는 능력이 자연히 생겼다. 그에 따라 위 기준도 자연스럽게 정립되었다.

PLUS TIP   단점도 재능으로 발현할 수 있다

────────●───────────────────────────●

콘텐츠가 쌓이면서 주변 사람이나 구독자에게서 가장 많이 듣는 평가는 질문을 정말 잘한다는 것이다. 출연자 장점을 잘 끌어내고, 사람과 직업을 기획자 관점으로 제대로 파악한다는 평도 듣는다.

영상을 통해 화제의 인터뷰이가 된 출연자 중에는 자기가 그렇게 말을 재미있게 하는 사람인지 몰랐다는 분이 많다. 자기가 보기에도 전혀 새로운 모습이라 출연한 영상을 계속해서 찾아본다고 한다. 아마도 새롭게 발견한 재능에 뿌듯함을 느껴 자꾸만 확인하고 싶은 마음이 들어서인 듯하다.

이런 질문을 받을 당시, 나는 내게 이런 스킬이 어떻게 생겼는지 곰곰이 생각해 보았다. 그리고 지금 모습과 전혀 다른 어릴 적 내성적인 성격에서 해답을 찾았다.

나는 유년 시절부터 20대에 접어들 때까지 매우 내성적인 성격의 소유자였다. 그래서 남들 앞에서 말하는 데 극심한 공포를 느꼈다. 노력을 거듭해 지금은 정반대 모습이 되었지만, 그런 성격은 내게 큰 숙제이기도 했다. 그런데 막상 유튜버가 되자 파악이 빠르고 '각'을 잘 잡는다는 말을 들었다. 참 아이러니했고, 어릴 적 기억이 살아났다.

당시 나는 입을 닫고 관찰하는 것을 택했다. 오답을 내리고 싶지 않았고 분쟁에 휘말려 눈에 띄기 싫었기 때문이다. 사람과 상황을 주시할 때 긴장을 늦추지 않았다. 이런 내 성향은 유튜버, 특히 인터뷰하는 일에서 최적의 재능으로 나타났다.

자기 단점이 평생 자기 발목을 잡으리라는 부정적인 생각을 부디 하지 않았으면 한다. 단점을 단점 자체로 받아들이지 않고, 부족함을 보완할 때 생기는 통과 의례처럼 여기며 이를 보완하려는 노력을 기울여 보자.

그러면 남은 삶은 달라질 수 있다!

알고리즘을 이기는 콘텐츠

● ▶

2021년 초에 생긴 일이다. 데뷔한 지 4년째지만 이렇다 할 히트 곡을 내지 못해 해체를 앞두고 있던 걸그룹 영상이 그야말로 대박을 냈다. 그들은 각종 음원 순위에서 1위를 했고, 공중파와 유튜브를 가리지 않고 출연하며 최고의 전성기를 누리게 된다.

그들을 하룻밤 사이에 벼락스타로 만든 것은 한 영상이었다. 유명한 음악 방송 무대 영상도 아니었다. 그저 군부대에서 위문 공연을 한, 단 하나의 직캠 영상이 만든 결과였다. 유튜브에 관심이 조금이라도 있는 사람이라면 알아들을 '알고리즘의 간택'을 받은 것이다.

이 일을 계기로 많은 사람이 알고리즘에 관심을 가지게 되었다. 그러나 내게 유튜브 알고리즘이 어떤 거냐고 물어보면 참 당황스럽다. 나는 유튜브 알고리즘에 관해 아는 바가 없다.

특별히 그것을 연구해 보지도 않았으며 앞으로도 그럴 생각이 없다.

여러 유튜버가 모인 자리에서 알고리즘과 관련해서 얘기를 나눈 적이 있다. 한때 '가짜 사나이'가 유행할 때는 '군인' 관련 콘텐츠가 수혜를 입었다느니, 최근 한창 유행하는 '스케치 코미디'를 올리면 조회 수가 많이 나오는 듯하다느니 정도의 이야기였다.

유튜브 알고리즘과 관련해 내가 아는 것도 딱 이 정도이다. 알고리즘에 한해서는 적어도 내가 초심을 잃지 않았다고 당당하게 말할 수 있을 만큼 시작했을 때도, 지금도 나는 알고리즘에 크게 관심이 없다. '내가 좋아하고 잘하는 것을 누가 봐도 재미있게 만들어 가다 보면 알고리즘의 신이 한 번쯤은 나를 바라봐 주겠지!' 하고 여기며.

내가 이렇게 생각하는 이유는 아주 간단하다.

알고리즘의 신은 결국 유튜브 유저, 즉 시청자이기 때문이다.

시청자의 이목을 끄는 섬네일

● ▶

섬네일을 잘 만든다며 내게 요령을 묻는 분이 참 많다. 처음에는 '딱히 특별한 것이 없는데 왜 이런 걸 물으시지?'라고 생각했다. 그러나 그런 질문이 계속 이어지자, 내 방식을 정리하고 남의 방식이 어떤지 돌아보는 시간을 가져 보았다. 그리고 그 원칙에 맞춰 더 효율적인 섬네일을 만들 수 있었다.

이번에는 내가 섬네일을 만드는 방법을 알려 드리려 한다.

1. 이미지 하나로 내용 전체를 설명할 수 있다면 텍스트를 넣지 않는다.

행복해 보이는 결혼 생활과 긴장한 강아지 모습을 담은 섬네일

　그래야 집중도가 흐트러지지 않는다. 대신 영상 제목은 이미지에 설명을 곁들인다는 느낌으로 쓴다.

2. 이미지가 좋으나 설명이 필요하다면 텍스트를 최소한 삽입한다.

대신 제목에서 콘텐츠 주제를 설명한다.

　방 크기를 짐작하기에 굉장히 좋으나 집을 구한다는 행위를 더했을 때 바로 느낄 수 있는 최소 텍스트로 구성한 섬네일이다.

3. 과거와 현재의 반전이 크다면 비포 앤드 애프터를 강조한다.

한 화면에 비포 앤드 애프터를 동시에 배치해 인터뷰이의 변화를 극적으로 보여 주는 섬네일이다. 왼쪽은 몸값이 올라갔을 때 외적 변화가 명백히 보이고, 오른쪽 섬네일에는 남성에서 여성으로 변한 모습이 극적으로 대비되어 이목을 확 끈다.

4. 사람들이 믿을 수 없는 서사를 가진 이를 다룬 콘텐츠라면 섬네일에서 명확한 증거를 제시한다.

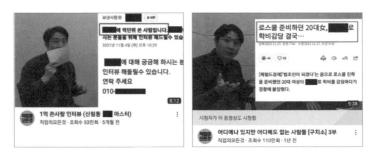

계좌 명세, 공개 문서 등을 섬네일에 노출해 콘텐츠 신뢰도를 높였다.

5. 회차를 넘어서도 반전을 준다.

사람들은 이 두 인물이 동일인이라고 생각해 두 영상을 중복적으로 시청했다.

6. 시리즈 초반부가 성공하면 크게 고민하지 말고 그 인물만 강조한다.
그런 뒤 회차별 주제를 추가해서 알려 준다.

1~3회는 제갈건이라는 인물과 그의 내력을 짐작할 수 있는 강한 이미지를 실어 섬네일을 제작했다. 자극적인 제목과 사진이 시너지를 강하게 낸다. 초반부에 강한 한 방이 있었기에 그 후로 이어지는 시리즈에는 해당 콘텐츠 영상의 주제만 추가해서 알려주는 방식을 취했다.

7. 직업을 강조한 콘텐츠에는 직업을 가장 잘 드러내는 이미지를 쓴다.

내 채널 초창기 영상의 섬네일은 상당히 직업 집중적이었다.

그러나 콘텐츠 확장에 따라 섬네일 스타일에 변화가 생긴 것도 분명하다. 면적을 따지자면 크지 않을 듯하지만, 시청자 유입에 큰 역할을 하기에 건성으로 생각할 일도 아니다. 내 나름대로 진지하게 고민하다 보니 나만의 마이크로한 기준들이 생겼다고 본다.

나는 섬네일과 영상 제목의 관계를 책 제목과 부제로 비유한다. 그리고 콘텐츠가 중요하냐 섬네일이 중요하냐는 질문도 많이 받는다. 사실 둘 다 중요하다. 섬네일을 잘 만들어 유입 인원이 많더라도 영상이 재미없다면 시청 시간이 짧을 수밖에 없다. 내용이 아무리 좋아도 이미지가 사람들의 클릭을 유도하지 않으면 시청 확률은 현저히 떨어진다.

채널마다 색깔이 다르고 지향하는 바가 다르기에 내 방법이 절대적이라고 말할 수는 없다. 내 방법을 참고하되, 자기 채널 성격에 맞게 나만의 스타일을 만들어 가길 권한다.

PLUS TIP   뭣이 중헌디?

영화 「곡성」을 본 관객들이 기억하는 것은 뭘까?

영화 스토리보다 그 영화에 등장했던 '뭣이 중헌디?'라는 대사일 것이다.

시간이 꽤 지난 지금도 사람들은 그 대사를 읊으면 자연스럽게 「곡성」을 떠올린다. 나 역시 그런 문장을 넣는 것을 좋아한다. 결혼 정보 업체 회원이 소개팅에 나가서 사진과 너무 다른 얼굴의 소개팅녀를 보고 떠오른 생각을 표현한 '동물원에 사자를 보러 갔는데 진돗개가 있었다.' 같은 문장이 그렇다.

물론 만드는 콘텐츠마다 마음에 쏙 드는 문장이 떠오르지는 않는다. 그러나 강력한 문장은 채널과 영상을 오래 기억하도록 한다는 사실을 잘 알기에 예리하게 그 점을 포착하려고 항상 노력을 기울인다.

창조적 크리에이터 vs
따라만 가는 따라에이터

● ▶

유튜브에는 유사한 주제로 같은 콘텐츠를 다루는 채널이 정말 많다. 어느 카테고리든 그런 듯하다. 채널도 그렇지만 특정 영상이 히트하면 유사한 영상들이 금세 올라온다. 어떨 때는 어느 채널 영상인지 헷갈릴 정도로 섬네일조차 비슷할 때도 많다.

최근에 눈치챈 사실이 있다. 지금은 가깝게 지내는, '직모 유니버스'라고 불리는 사람들과 첫 만남이 있고 나서 다시 만날 때까지 꽤 긴 공백기가 있었다. 그 얘기를 들은 누군가는 네가 사람을 만나는 패턴이 원래 그러냐고 물었지만, 아니었다. 곰곰이 생각해 보니 다른 이유가 있었다.

유튜브의 정석

나는 내가 해보고 싶은 새로운 콘텐츠가 생각나면 너무 설렌다. '직모 유니버스' 파트너들과 만든 콘텐츠는 처음부터 크게 주목받았기에 추가 콘텐츠를 이어 만들기가 훨씬 쉽다. 보통은 다른 것을 제쳐 두고서라도 주목받은 콘텐츠의 추가 콘텐츠 기획이 먼저지만, 나는 그리하지 않는 편이다. 나를 설레게 하는 프로젝트가 많이 대기하고 있기 때문이다. 그걸 빨리 만들어서 반응을 확인하고 싶은 마음이 더 크다.

사람마다 콘텐츠를 만드는 자기만의 기준이나 성향이 있다. 나는 새로운 것을 기획하고 만들어 내는 일에 가장 큰 기쁨을 느낀다. 그것이 기획 의도와 타이밍에 절묘하게 맞아떨어져 공전의 히트를 기록하고 하나의 트렌드가 되고 등장인물 역시 여러 채널에서 불러 주는 화제의 인물이 된다면 말로 표현할 수 없을 정도로 희열을 느낀다. 그런 이유로 계획된 영상을 우선시하고 만들다 보니 연락이 뜸해질 수밖에 없었던 듯하다.

그런 내 성향 탓에 나는 내가 일하는 방식과 의도를 그들에게 충분히 설명했다. 다행히 그들도 너그럽게 이해해 주었다. 운이 좋았는지 내가 잘해서인지는 모르겠지만, 새롭게 발굴된 많은 출연자가 「직업의 모든 것」 채널보다 유능하고 시스템도 잘 갖춰진 채널에 출연할 기회가 생겼다. 그걸 계기로 이름을 더 알리고 성장했기에 나는 우리 만남이 긍정적 시너지를 냈다고 생각한다.

물론 이런 기준이 콘크리트처럼 단단하지는 않다. 그래서 원래 알려진 사람이나 주제더라도 내가 새로운 해석을 할 수 있을 듯한 자신감이 생기면 과감하게 뛰어들기도 한다. 그런 확신이 생길 때까지 머릿속으로 계속 생각한다. 지난 2~3년 동안 방송과 유튜브는 재테크와 투자 관련 콘텐츠를 많이 다루었다. 그래서 금융인 '존 리' 님은 TV를 틀면 나오고 유튜브를 열면 볼 수 있을 정도로 많이 노출되었다. 그러나 어떤 것은 반응이 좋았고 어떤 것은 그저 그랬다. 인물만큼 그를 해석하고 보여 주는 프레임이 중요하다는 사실을 증명하는 사례가 아닐 수 없다.

　연예인도 마찬가지다. 어느 채널에서 인기를 끌어 사람들에게 알려지면 수많은 프로그램에서 그 사람을 섭외하고 출연시킨다. 그러나 모든 프로그램이 성공하지는 않는다. 사람들의 이목을 단번에 끌기에는 좋은 방법이지만 그 후 프로그램에 맞도록 리프레이밍(reframing) 작업을 적절히 하지 않는다면 크게 효과를 보기 힘들다.

　지금까지 내 채널은 공중파나 유튜브에서 많이 알려진 분을 모셔 와 콘텐츠를 만들었다고 할 수는 없다. 그러나 최근에 이름을 들으면 알 만한 분들이 출연하고 싶다는 제안을 해 오는 일이 늘고 있다. 그렇기에 「직업의 모든 것」만의 컬러를 입히는 일이 더 중요해진 시점인 듯하다. 이런 상황에 오다 보니 오히려 콘텐츠

폭을 더 넓혀 보고 싶다는 생각도 든다. 채널의 첫 정체성이었던 직업을 더 세밀하게 관찰하고 정말로 생소한 일을 직업으로 삼은 분을 만나 보고 싶다. 산에 생수를 배달하는 분, 풍물패 단원, 서커스 단원처럼 그리 흔치 않은 직업인도 좋은 듯하다.

결혼 콘텐츠도 확장하고 싶다. 요즘 한창 유행인 매칭 프로그램을 정말로 일반 스펙의 사람들로 구성해서 만들어 보고 싶은 마음도 있다. 어느 여행 유튜버가 중소기업 쇼트 드라마를 만들었듯, 나도 여기서 정체하는 일 없이 채널을 넓게 확장해야 한다는 생각이 자주 든다.

PLUS TIP   확신만 있다면 바로 실행하자

코로나 시국을 거치며 가장 타격을 받은 채널은 해외여행 콘텐츠를 만드는 곳일 듯하다. 주력 주제에 직격탄을 맞았으니, 위기가 온 것은 당연한 일이다. 그런 와중에도 위기를 잘 헤치고 나온 채널이 있고 그렇지 못한 채널도 있다.

위기는 누구에게나 올 수 있기에 지속 가능성을 고려하고 만든 채널이라도 언제 어떤 문제가 닥칠지는 아무도 모른다. 다만 그런 상황에서 돌파구를 찾아내는 경험을 하면, 분명히 성장하기 마련이다. 다른 위기가 오더라도 쉽게 이겨 낼 힘이 생긴다.

유명한 대상이나 유행하는 주제를 꼭 피하지는 않아도 된다. 기존에 노출된 콘텐츠보다 색다르고 흥미 있게 만들어 낼 수 있다는 확신이 든다면 행동으로 옮기자. 누가 먼저 했다는 눈치도 볼 필요가 없다. 다만 확신이 없는 상태에서 남들이 하니 나도 해야겠다는 마음을 가져서는 안 된다. 그런 마음으로는 경쟁 선에 함께 선 사람보다 좋은 콘텐츠를 만들기 어렵다.

내가 새로운 것들을 계속 시도하는 이유는 위기가 오기 전에 대비하려는 의도이다. 미래를 예측하는 가장 좋은 방법은 내가 미래를 만드는 것이기 때문이다.

타인의 창작물은 영감을 불러일으키는 경이로운 레퍼런스가 되기도 한다

● ▶

나이를 먹으면 시간의 속도가 달라진다고 선배들은 말한다. 그 말 그대로 세상의 변화 속도는 참 빠르다. 아니, 날이 갈수록 빨라진다. 아침에 눈을 뜨면, 새로운 것이 펼쳐지고 새로운 것이 생겨난다. 아주 짧은 기간에 자주 가던 단골 가게가 문을 닫고 그 자리에 새 가게가 생기는 상황을 누구나 경험해 봤을 것이다. 비싼 계약금과 임대료를 내고, 실내 장식과 시설에 투자해 장사를 시작했을 텐데도 하루아침에 없어져 버린다.

　무엇이든 사라지고 새로 생기는 일이 이토록 쉽다. 그리고 유튜브라는 시장 역시 이와 다르지 않다. 세상 어느 분야든 경쟁이 치열하지 않은 곳은 없기 때문이다.

　상위 1%에 속하는 유튜버가 수억 원을 벌 때 하위 33%의 유튜버는 100만 원도 채 벌지 못했다는 뉴스 기사를 접한 적 있다. 100만 원도 벌지 못한 유튜버들은 집계조차 되지 않았을 것이다. 전에는 개인과 개인 간 경쟁이었지만 현재는 방송사와 대기업도 유튜브에 많이 뛰어들어 몸집을 키우고 있다. 이제는 개인이 방송사나 대기업과 경쟁해야 하는 시장으로 바뀐 셈이다. 실제로 요즘 업로드되는 유튜브 인기 영상 순위를 보면 1위부터 10위까지 모두 방송사가 차지하고 있다. 게다가 매일 새로운 주제로 채널이 열리고 집계가 힘들 정도로 많은 영상이 쏟아진다. 특정 콘셉트의 영상이 흥행하면 금방 따라 하는 사람들이 생긴다. 그리고 이 치열한 세상에 사는 나는 이곳에서 어떻게 살아남을지 밤낮을 가리지 않고 고민한다.

　최근 「직업의 모든 것」과 유사한 채널이 많이 생겼다. 나는 그들을 미워하고 시기하기보다는 나보다 더 뛰어난 점과 차별점을 발견하려고 애쓴다. 그러면 생각하지 못했던 것들이 보인다. 그리고 그것을 토대로 생각을 발전시켜 내 채널에도 적용하려 한다. 내가 누군가의 영상을 통해 아이디어를 얻고 무언가를 배웠듯 나 역시 다른 누군가의 영감이 되고 아이디어가 될 것이다. 우리는 얼굴만 알지 못할 뿐 서로에게 좋은 선생님이다.

동종 업계 플랫폼에도 배울 것은 무궁무진하지만, 다른 유튜버들보다 반걸음이라도 앞서 나가려면 조금 다른 노력도 필요하다. 현재 유튜브 시장은 내가 처음 시작했을 때보다 경쟁이 치열해졌다. 그나마 다행한 일은 내가 조금 일찍 진입한 덕분에 영상을 기획하고 편집하는 일에 익숙해져 처음보다 시간 여유가 조금 더 있다는 점이다. 그러나 나는 이러한 상황일수록 그 여유에 안주하지 않으려 애쓴다. 내 생각과 사고가 갇히지 않아야 창조성과 영감이 훼손되거나 무뎌지지 않으리라 여기기 때문이다.

나는 새로운 취미를 의도적으로 가지려 노력한다. 그리고 그 새로운 경험을 시각적으로 다각화하는 작업도 시도해 본다. 촬영이 없는 날에는 연극, 영화, 행사, 박람회에 다니고 미술관에 가서 그림을 본다. 같은 주제를 각자 언어로 다르게 표현한 다른 분야 창작자를 접하는 데 시간을 투자하고 그들의 결과물을 볼 때마다 타인의 새로운 시각에 감동한다.

새로운 관점의 해석을 접하는 일은 인터뷰이를 선택해야 하는 내 감각을 키워 줄 뿐 아니라 채널 운영 아이디어도 떠올리게 해 준다. 물론 감상 그 자체로 힐링이 될 때도 많다. 우연히 마주한 그림에서 이유 없이 안도감을 느끼기도 하고, 작가의 창의성에 감탄하며 박수를 보내는 일도 잦다. 유명 화가 그림이 아니더라도 그림 자체가 전달하는 묘한 에너지를 느끼다 보면 영감의 피와 살이 된다. 크리에이터는 새로운 경험과 지식을 끊임없이 채워야 하는 사람이다. 기존 방식이 맞는다고 생각해서는 절대로 안 된다. 발전 없이는 정체할 수밖에 없는 직업이 유튜버이다.

타인의 창작물을 되도록 많이 즐겨 보려는 내 노력의 결과는 최근에 올린 영상물이다.

결혼, 해야 하나 말아야 하나?

중대장을 고를 수 있다면?

이라는 타이틀의 영상이다. 요즘 사람들은 소위 '선택 장애'를 자주 앓는다. 그러니 '각자 견해를 대변하는 사람들의 의견을 충분히 담아 사람들의 선택에 도움이 되면 어떨까?' 하는 생각에서 영상을 기획해 보았다. 후속 영상도 당연히 염두에 두었다.

'선택 장애가 있는 사람이 차를 사려고 한다면 어떨까?'

'벤츠와 BMW 중 하나를 택하려면 당연히 힘들겠지?'

'두 업체 딜러를 초대해 각자 장단점을 토론하게 하면 재미도 있고 구독자들의 선택에 도움이 되지 않을까?'

'고려대와 연세대 중에 어떤 학교를 선택할지 고민인 입시생을 위한 콘텐츠도 괜찮지 않을까?'

'고려대 교수님과 연세대 교수님의 토론을 마련해도 재미있겠는데?'

이렇게 선택이 쉽지 않은 문제들을 목록화해 본다.

사람들은 대개 매일 비슷한 아침을 맞이한다. 특히나 회사원은 정해진 시간에 일어나 시간에 맞춰 출근하고 점심을 먹은 후 정해진 업무를 한다. 그러다 보면 퇴근 시간이 찾아온다. 항상 일과가 똑같아서 어제가 오늘 같고 오늘이 내일 같다. 그러다 보면 무감각해지기 쉽다. 하지만 시선을 조금만 비틀어 보면, 똑같은 듯한 하루를 다른 하루로 느끼며 살 수 있다. 출근길에 사람들 옷차림만 살펴도 유행하는 패션을 알 수 있고, 휴대전화를 든 사람들이 보는 콘텐츠를 통해 그들이 선호하는 프로그램이나 유튜브 채널들을 눈치챌 수 있다. 이처럼 아침 출근길에 무엇 하나만 배워도 그날은 분명 다른 하루로 변한다. 업무와 생활에 도움까지 된다면 그보다 좋은 일은 없다. 이처럼 배움은 학교나 학원에만 있지 않다. 날마다 배움이 있는 인생에 졸업은 없다.

가끔 타인을 통해 배우기가 자존심이 상한다며 꺼리는 사람이 있다. 그야말로 자기를 과대평가하는 행위이다. 세상이 얼마나 넓고, 고수가 얼마나 많은지 모르고 하는 소리다. 앞으로 내가 또 어떤 새로운 방향의 콘텐츠를 만들어 낼지는 나도 모른다. 그러나 나는 다른 사람의 웰메이드 작품을 장르 불문하고 즐길 생각이다. 새로운 생각을 얻고 싶다면, 주변을 자세히 관찰하는 습관이 필요하기 때문이다.

시선을 넓혀 모든 것을 바라보자. 분명 새로운 콘텐츠들이 마음을 두드릴 것이다.

제 생각을 표현한 다양한 결과물을 보면, 전에 보이지 않던 것들이 자연히 보이기 마련이다. 그런 방법을 통해 넥스트 레벨로 나아가는 기쁨과 희열은 어느 것과도 비교할 수 없이 크다.

가슴이 시키는 일을 해야 하는 과학적 근거

● ▶

나는 자유를 박탈당하는 일이 두렵고 싫다. 군대에 있을 때 그걸 가장 크게 느꼈다. 일어나기 싫어도 일어나야 했고 밥을 먹기 싫어도 먹어야 했으며 자기 싫어도 자야 했다. 한마디로 말해 온종일 자유를 박탈당하는 기분이었다. 물론 대한민국 국민으로서 당연히 국방의 의무를 이행해야 하기에 기꺼이 받아들였으며 지금도 그 부분에 자부심을 품고 있다. 그리고 그런 생활을 했기에 내가 어떤 것을 힘들어하는지 깨달았다. 바로 타인이나 어떤 환경에 구속당하는 상황이었다.

그래서 나는 제대 후 자유에 무게 중심을 두고 많은 선택을 했다. 중심이 명확해지니 내가 좋아하는 것, 흥미 있는 것을 자연스레 선택했다. 원하는 결과가 오지 않더라도 계속 시도할 용기가 고갈되지 않았다.

『거절당하기 연습』의 저자 지아 장(Jia Jiang)은 어릴 때부터 수많은 거절을 당하고 살았다며 자기를 거절 전문가로 칭했다. 미술반에 들어가고 싶었지만, 거부당한 작은 일부터 스타트업을 창업한 뒤 당한 투자 거절까지. 그의 거절 이력은 실로 다양하다. 그는 더 이상 거절에 두려움을 느끼고 싶지 않아 '100일 동안 거절당하기'라는 프로젝트에 임한다. '햄버거 리필', '남의 집 화단에 꽃 심기', '모르는 사람 집에서 슈퍼볼 관전하기' 등 거절이 확실한 제안을 하고 거절을 당하러 다녔다. 그런데 점차 이야기를 진지하게 들어 주는 사람이 나타났다. 거절이 수락으로, 변하는 광경을 담은 영상을 통해 지아 장은 유명인으로 거듭났다.

나는 이 사례를 '실패를 극복하고 성공에 이르렀다'라는 단순한 이야기로 보지 않는다. 그것은 용기에 관한 이야기이다. 모든 사람은 거절당하는 데 두려움을 느낀다. 나 역시 모르는 사람에게 만나고 싶다는 수많은 메일을 보냈지만 보내기 버튼을 누르는 데까지 얼마나 긴 시간이 걸렸는지 모른다. 그게 그렇게 어려울 수 없었다. 그러나 내가 진정으로 무언가를 하고 싶다는 생각이 끝내 마우스 버튼 클릭으로 이어졌다.

마음이 시키는 일은 큰 결과를 만드는 작은 행동을 끌어낸다. 하고 말겠다는 자발적 동기는 불가능한 것들을 가능하게 한다.

『게으른 뇌에 행동 스위치를 켜라』라는 책을 보면 인간의 결심이 행동으로 이어지기 어려운 이유가 명확하게 나온다. 진화론적으로 신체 진화가 끝나기 전에 이미 진화를 마친 뇌는 가능한 한 현재 상태를 유지하려는 습성을 가지고 있다고 한다. 생명에 지장을 줄 만큼 큰 위험을 감지하거나 도파민이 생성될 흥미로운 일이 아니라면 쉽게 움직이지 않는다는 것이다. 뇌는 최대한 에너지를 아끼고 효율적으로 움직이려는 속성을 가졌기 때문이다.

그런데도 뇌는 재미와 흥미가 있는 일에는 자발적 움직임을 보인다고 한다. 흥미롭고 재미있는 일을 행동으로 옮겼을 때 강한 희열을 느끼게 하는 호르몬 '도파민'이 분비되기 때문이다. 이렇듯 무언가를 하고 싶다는 욕구는 마음이 결정하는 일이지 뇌가 하는 일이 아니다. '가슴이 시키는 대로 하라'라는 말은 과학(그러니까 생물학)에서 시작된 말이라고 해도 무리가 없을 듯하다.

최근에 신부님을 대상으로 심리 상담을 하시는 홍성남 신부님 영상을 본 적이 있다. 사람들이 종교 지도자 모습을 떠올리면 따라오는 단어가 '완벽' 또는 '해탈'인데 상담 신부가 있다는 사실이 놀라웠다. 그런데 어느 한 신자가 자기가 다니는 성당 신부님이 정말 성실한 분인데 이상하게 활력이 없다며 그분을 만나봐 주었으면 했다. 그래서 그 신부님을 만나 보니 신부님에겐 그럴 만한 이유가 있었다. 사실 신부님은 어릴 때부터 부모님이 정해 주신 대로 신부가 되는 것을 당연하게 받아들였다고 한다. 그 신부님에게 활력이 없었던 이유는 부모가 하라고 한 일을 마지못해하고 있기 때문이었다.

나는 이미 알려진 분보다 새로운 사람을 찾아내고 발굴하는 일이 더 좋다. 사람들이 쉽게 만나지 못한 직업을 가졌거나 사연을 가진 분들을 만나 없던 정보를 전달하는 것, 나의 프레임으로 출연자의 재능과 강점을 발견해 주고 함께 성장하는 게 더 흥미롭다.

구독자들이 내 채널에 지속해서 관심을 두는 이유도 어딘가에 없는 정보, 보지 못한 사람을 만날 수 있기 때문일 것이다. 내가 좋아서 하는 일이 다른 사람에게 온전히 전달되는 기적은 이런 패턴으로 일어난다.

나는 지금 내 일이 참 좋다.

내가 만나고 싶은 사람을 만날 수 있기에, 시간을 뜻대로 쓸 수 있다는 자유를 가지게 되었기에.

인간이 하고 싶은 일을 해야 하는 이유는 간단하다. 게으른 뇌도 스스로 움직이기 때문이다. 실패해도 다시 시도할 용기를 유지해 주어 성공 확률을 높여 주기 때문이다.

생물학이 과학적으로 이미 그것을 증명해 놓았다는 사실은 우리가 주도적 삶을 선택하는 데 작은 도움이 된다.

1,000만 조회 수
영상 콘텐츠를 만들어 보자!

● ▶

근래, 조회 수가 굉장히 많이 나왔던 콘텐츠가 있다. 은평구에 사는 40대 노총각을 인터뷰한 영상이었는데 1부가 시작된 후 지금까지 그분의 영상 조회 수 총합은 천만 회가 넘어간다. 시작은 아주 짧은 메일에서 부터였다. '백수도 인터뷰할 수 있나요?'라는 제목의 메일이었다.

호기심이 생긴 나는 바로 전화를 걸었다. 그리고 그분이 지금까지 경험한 다양한 일과 지금 처한 환경 등을 물었다. 통화해 보니 메일에서 전혀 느끼지 못했던 그분의 다른 매력이 느껴져 당장 인터뷰를 제안했다. 그리고 그분이 내게 요청한 콘셉트와 전혀 다른 내용으로 인터뷰가 진행되었다.

인터뷰를 진행하기 전 내가 내건 조건은 간단했다.

오직 질문에만 '솔직하게' 답변해 달라는 것이었다.

지금 생각해 보면 매우 간단하면서도 절대 간단하지 않은(?) 부탁이었다. 그리고 해당 영상은 업로드 즉시 뜨거운 반응을 일으켰다.

나는 인터뷰이의 살아온 이야기를 전체적 관점으로 바라보려고 애쓴다. 그들의 인생에 어떤 서사가 있으며 그것을 통해 무엇을 느꼈는지, 삶에 어떤 변화가 생겼는지 짚어 내려 공들인다.

똑같은 직업을 가진 사람도 뻔하고 식상한 관점이 아닌 새로운 시각에서 바라보려고 노력한다. 덕분에 조회 수뿐 아니라 해당 인물까지 화제가 된 적도 있다. 고교 시절까지 서대문구 싸움짱으로 살다가 이제는 사회복지사를 목표로 노력하는 젊은 철학자 제갈건 님의 이야기가 그 예이다.

제갈건 님을 소개받아 첫 영상을 올렸을 때 반응이 상당했다. 그 여세를 몰아 새로운 콘텐츠를 추가로 진행하자고 제갈건 님께 제안했다. 그러나 제갈건 님은 지금껏 살면서 싸워 본 얘기는 다 했다며 더 이상 자신에게 나올 콘텐츠가 있겠냐고 했다. 그러나 나는 강한 확신이 들어 영상 제작을 밀어붙였다. 그렇게 다시 만난 우리는 커피숍에서 6시간 동안 얘기를 나눴다. 제갈건 님은 어린 시절부터 지금까지 살아온 이야기 그리고 앞으로 목표까지 내게 진술하게 말해 주었다.

제갈건 님의 이야기를 가장 효과적으로 들려주기 위해 나는 그의 모든 경험에 귀를 기울였다. 제갈건 님의 이야기는 너무 흥미로워 마치 노다지를 발견한 듯한 기분이었다. 미팅이 끝나자마자 곧바로 촬영 날짜를 잡고 재촬영에 들어갔다.

촬영이 끝나고 영상을 편집하면서도 뜨거운 반응이 예상되었다. 당연히 결과는 내가 생각한 대로였다. 제갈건 님의 총 영상 조회 수는 1,900만 회였다.

유튜브 초창기에 택배 기사님을 인터뷰하러 멀리 건대 앞까지 갔던 적이 있다. 거의 2시간을 인터뷰했는데 거기까지 간 것이 후회스러울 정도로 재미없는 이야기만 오갔다. 그러다 갑자기 택배 기사님 배달 지역이 청담동이라는 데 '촉'이 와서 인터뷰 방향을 틀었다.

사람들은 기본적으로 청담동 부유층 삶에 호기심이 있다. 그 사람들이 돈을 얼마나 버는지, 그들 주차장에는 무슨 차가 많은지, 택배 기사님이 가면 직접 택배를 받는지 가사 도우미가 받는지 등. 청담동 사람 이야기라면 무엇이든 궁금해한다. 눈이 온 다음 날 신림동과 청담동 거리의 청소 상태가 다르다는 것은 누구나 아는 이야기일 정도로 사람들은 그곳에 사는 이들에게 관심이 많다.

그 후로 나는 기사님이 택배를 배달하며 만나는 청담동 풍경과 짧은 만남에서 느끼는 것 위주로 인터뷰했다. 어떤 집은 현관에서 바라보면 끝이 보이지 않을 정도로 복도가 긴데 아이가 저 멀리서 자전거를 타고 와 "엄마, 택배 왔어!"라고 한다든지 청담동 가사 도우미들이 주로 필리핀 사람이라 한국어가 서툴다는 점 등으로 영상을 만들었다. 이 영상(택배 기사가 청담동 일해 보고 충격받은 이유)도 업로드 즉시 100만 조회 수를 기록했다.

이런 상황과 마주하면 나는 강한 희열을 느낀다.

사실, 콘텐츠를 바라보는 시청자 눈은 거의 비슷하다. 눈에 보이는 것을 향한 판단은 순식간에 일어나기 때문이다. 같은 사람을 인터뷰하더라도 어느 부분부터 접근할지 판단하는 예리한 감각을 반드시 키워야 한다.

메가 히트 콘텐츠를 기획하는
나의 노하우

● ▶

유튜버마다 각자 콘텐츠에 맞게 메가 히트 영상을 만드는 기준이
있다. 내 기준은 아래 세 가지 방법 정도로 요약할 수 있을 듯하다.

누가 보는 영상인가? (나이, 직업, 성별)

어떤 메시지를 줄 것인가?

나와 비슷한 영상이 많은데 그중 왜 하필 내 영상을 봐야 하는가?

콘텐츠는 그 분야가 다양하다. 시간을 보내기 위한 킬링타임
용 영상, 정보가 중요한 영상, 감동을 추구하는 영상 등등. 나는

지난 시간을 반성하고 무언가를 바꾸려고 노력했다는 자기만의 이야기 즉 '서사'가 있는 사연을 좋아한다. 뻔한 것은 식상하며, 유튜브 유저들의 흥미를 불러일으킬 수 없다.

인생도 마찬가지다. 영화를 보러 갔는데 두 영화 중 하나를 골라야 한다고 생각해 보자.

첫 번째는 평범한 가정에서 태어나 열심히 공부해서 공무원 시험에 합격 후 결혼해서 평범히 살아가는 가장의 이야기이다.

두 번째는 중학생 때 따돌림당해 강둑에서 자살을 시도하고 가출과 비행을 일삼던 한 여자가 열여섯 살 때 야쿠자 두목과 결혼 후 등에 문신을 새기고 술집 접대부를 전전하다 한자도 제대로 못 쓰는 실력으로 공부에 매진해 일본에서 가장 어려운 시험이라는 사법고시에 합격해 변호사가 된 스토리다. 여러분은 둘 중 어떤 영화를 선택하겠는가? 대개 2번째 영화를 볼 것이다. 현재에 머무는 사람보다 도전을 통해 변화하는 사람들을 보는 편이 더 끌려서인 듯하다.

많은 사람이 인생 반전을 꿈꾸곤 한다. 그래서 그것과 관련한 콘텐츠는 반응이 빨리 오고 유저 폭이 넓다. 그런 이유로 괜찮은 삶의 스토리를 가진 인터뷰이는 내게 음식 재료와 같다. 좋은 재료가 맛있는 음식이 되듯 좋은 인터뷰이의 이야기는 사람들이 좋아하고, 감동적 영상을 만들 수 있는 좋은 재료가 된다. 그리고 그 재료를 선별해 그 재료가 낼 수 있는 가장 뛰어난 맛을 내게 조리하는 게 내 역할이다. 얼마나 훌륭한 재료로 요리를 만들어 냈는지 아닌지는 좋은 콘텐츠 혹은 사람들이 좋아하는 콘텐츠를 가르는 기준이 된다.

나는 지금도 부족하다. 그러나 유튜버 채널을 운영한 초기 1년 동안의 나는 1년 정도는 사람을 보는 눈, 콘텐츠로 변환하는 능력이 지금보다 훨씬 모자랐다. 그래서 그 시절 영상을 다시 볼 때마다 이런 생각을 한다.

'아, 이 사람에겐 다른 질문을 해야 했는데!'

'이런! 이 사람과는 이런 콘텐츠를 만들었어야 했는데!'

이 또한 나는 고무적이라 여긴다. 그때보다 보는 눈과 생각이 성장했다는 방증 아니겠는가!

광고도 마찬가지다. 광고주는 나에게 많은 돈을 주고 광고를 의뢰하며 훌륭한 광고를 만들어 달라고 한다. 짧은 시간 안에 제품도 멋지게 소개하고 많은 사람 눈에 띄기를 바란다. 제품 판매량이 급격하게 늘 것도 기대한다.

광고주의 요구를 모두 들어줄 수는 있지만, 내가 생각하는 훌륭한 광고는 조금 다르다. 유튜브 광고 한 편에도 사람들이 즐거워야 한다고 생각하기 때문이다. 광고가 광고로 끝나 버린다면 그 누구도 좋아할 수 없다. 아무도 찾아보지 않는다. 만약 내가 생선을 잡는 그물(투망) 광고를 의뢰받았다면, 그물에 들어간 기술력이나 만들기 위한 노력을 설명하지는 않을 것이다. 그럴 바에는 누가 봐도 푸근하고 후줄근한 모습의 나이 든 어부 아저씨가 바다에 나와 그물을 던져 감성돔, 우럭 등의 생선을 잡고 그 생선을 주변에도 나눠 주고 집으로 돌아와 아이들과 회를 먹는 모습을 자연스럽게 담을 것이다. 그물이 좋다고 100번 이야기하기보다 그 좋은 그물로 가족이 얼마나 행복해질 수 있는지 보여 줄 것이다. 그리고 그 광고를 본 이가 그물 정보를 찾아보고 구매하게 할 것이다. 이것이 내가 평소에 많이 보고 느끼고 체험하면서 하나씩 쌓아 가는 노하우다.

나는 영상을 만들 때 어떤 거룩한 철학이나 뜻을 담으려 하지 않는다. 영상을 찍으면서 정확하게 정보를 전달하되 내가 재미있어하고 많이 웃는 영상을 만들려고 한다. 내가 재미없어 스킵하는 영상을 어느 누가 시간을 투자해 가며 즐겁게 시청하겠는가?

광고인데도 지지를 받는 콘텐츠

● ▶

「직업의 모든 것」 채널은 다른 채널과 비교해 광고 영상이 거의 없는 편에 속한다. 내가 광고 제안 수락을 꺼리는 가장 큰 이유는 채널 성격과 무관한 광고로 구독자들에게 피로감을 주고 싶지 않아서다. 그다음은 광고주들이 홍보 콘텐츠 전반에 간섭을 심하게 하기 때문이다. 조율 과정에서 소모되는 에너지양이 상당하다.

물론 홍보 경험도 많을 테고 적지 않은 돈을 쓰다 보니 광고를 의뢰하는 측에서 세세한 분석, 완벽한 가이드 같은 준비를 하는 것은 당연한 일이다. 하지만 나는 이 자리를 빌려 이런 말을 하고 싶다. 유튜브라는 플랫폼은 공중파처럼 불특정 다수를 대상으로 하지만 채널마다 구독자들 성향이 조금씩 다르며 광고주는 이 점을 명확히 인지해야 한다고 말이다. 따라서 크리에이터에게 많은 부분을 맡기는 편이 가장 효과적이다. 아쉽지만, 그와 관련한 인지가 아직은 모자란 듯하다. 괜한 분쟁만 생길 가능성이 커서 웬만하면 콘텐츠 방향이 맞지 않거나, 조율을 많이 해야 하는 광고 제안은 거절하는 편이다.

광고 영상을 올리고도 지지를 받은 사례를 하나 소개할까 한다. 경북 구미에 있는 중소기업을 촬영한 콘텐츠였다. 2022년 7월, 사단법인 경북청년CEO협회에서 지역 중소기업에 긍정적 인식을 심어 주고 지역 사회 정착을 유도하는 프로젝트 홍보를 요청해 왔다. 나는 중소기업과 관련한 인식을 바꾸는 것은 내 능력 밖 일이라 여겨 못하겠다고 답변을 보냈다. 나라에서도 못하는 걸 일개 유튜버가 어떻게 바꿀 수 있겠느냐고 말이다. 심지어 제안한 측의 목표는 내가 절대로 달성해 줄 수 없는 수준이었다. 하지만 제안자는 내가 이 프로젝트를 무조건 맡아 주었으면 한다고 재차 요청했다.

고민 끝에 '기획과 관련한 모든 권한을 내게 맡길 것'이라는 조건을 걸고 수락했다. 그러나 여러 번의 회의 과정에서 그 조건은 쉽게 이행되지 않았다. 그래도 이왕 맡은 일이니, 확신을 가지고 계속 설득해 나가는 방법밖에 없었다.

당시 중소기업 두 군데를 촬영하기로 최종 합의를 했는데 제안자 측에서 적절한 기업을 선정해서 알려 주기로 했다. 그러나 나는 그것도 직접 할 테니 자료를 보내 달라고 했다.

회사 소개서를 살펴보던 중, 유독 눈에 띄는 회사 하나가 있었다. 회사에서 기르는 대형견 사진, 휴게실에 있는 양궁장 사진, 모닥불을 피워 놓고 불멍을 하는 사진이 들어 있는 소개서였다. 일반적 소개서라면 회사 이력, 대표 수상 경력, 향후 몇 년간 회사 달성 목표 등이 들어 있어야 정상이다. 그 회사의 분위기가 얼마나 자유로운지, 대표 마인드가 여느 기업 대표와 얼마나 다른지 대번에 알 수 있게 하는 사진을 보냈다는 사실이 이색적이었다. 그래서 그 회사와 다른 회사 한 곳을 선정했다.

취재하러 가기 전, 딱 한 가지만 방향을 정했다. 철저히 직원의 시선을 따라가며 촬영한다는 원칙이었다. 아침 출근길부터 회사에서 보내는 업무 시간과 마지막 퇴근길까지, 중소기업 직원의 하루를 담는 것이 기획의 전부였다. 회사 소개서를 작성한 직원과 연락을 주고받으며 나는 내 의도를 설명했다. 그리고 출근하기 전 집 앞에서부터 동행하기로 했다. 그 직원분은 서울 송파구청에 근무하며 석촌호수 공연 업무를 담당했다고 한다. 지금 구미의 중소기업에서 일하는 경력과 상반되어 굉장히 매력적이었다. 그걸 영상에 담으면 좋겠다고 생각했기에 많은 직원분 중에 그분을 선택했다. 그리고 회사 소개서가 남달랐던 점 역시 공연 기획 경력자가 쓴 소개서라 그랬다는 사실을 알게 되었다.

같이 출근해 보니 예상대로 회사는 무척 자유로운 분위기였다. 직원들은 휴식 시간이 따로 없었지만 일이 막히거나 바람을 쐬고 싶으면 휴게실로 갔다. 사진에서 보던 양궁을 하고, 골프 연습을 하고, 때로는 화를 다스리기 위해 샌드백도 때렸다. 직원들도 개성적이었다. 면접 자리에서 취업 후 돈을 모아서 창업하고 싶다고 했는데 취업이 되었다는 직원, 잠깐 다니다가 이직하려고 한다고 사장님께 직접 말했다는 직원, 대형견을 집에서 키우기 힘들어 회사로 데려와 키운다는 직원 등등 대기업도 불가능한 일들이 가능한 회사였다.

원래 기획에서는 대표님을 촬영하지 않으려 했다. 그러나 이런 분위기로 회사를 운영하는 대표님이라면 충분히 출연해도 될 듯했다. 아니나 다를까 대표님과 얘기를 나눠 보니 정말 존경심이 일었다. 전화기에 저장된 직원 이름 옆에는 그 직원의 미래 꿈도 함께 저장되어 있었으며 그 사람과 함께 성장하겠다는 선의가 그대로 느껴졌다. 촬영 시간이 길어질수록 이 정도 중소기업이라면 나도 다니고 싶다는 생각이 들었다.

촬영해야 할 다른 회사가 있었지만, 나는 이 회사로 두 개의 영상을 만드는 편이 더 좋겠다고 생각했다. 물론 다음 회사에는 미안한 일이지만 촬영하러 갔다가 이 회사와 결이 다르고 기존 중소기업과 같은 기업 문화라면 오히려 반감을 살지도 모르겠다는 생각이 들었다. 물론 아닐 수도 있었지만, 그런 모험을 하지 않아도 될 만큼 전달하고자 하는 내용이 충분했다. 그래서 현장에 나온 경북청년CEO협회 관계자들에게 내 의사를 관철했다.

물론 나도 광고를 진행하면 큰 부담을 느낀다. 결과가 좋지 않으면 모든 책임을 져야 하고 입이 열 개라도 할 말이 없어진다. 그래서 최소한의 요구와 주장만 하는데 그날은 촬영하면서도 기대하는 결과를 충분히 낼 수 있으리라는 확신이 들었다. 촬영하는 내내 정말 즐거웠기 때문이다. 해당 영상(삼성에서 오라 해도 안 간다는 중소기업 여사원)은 업로드 즉시 조회 수 100만을 기록했다.

다른 하나의 사례는 '인포카'라고 차량 상태를 실시간으로 알려주는 스마트 스캐너를 홍보할 때의 이야기다.

광고가 차와 관련되어 구독자들의 반감이 적을 듯했고, 자동차 소유주에게 꼭 필요해 보이기도 하는 제품이라 생각해 광고 의뢰를 수락했다. 그런데 덥석 수락하고 나니 기획이 문제였다.

시선을 사로잡기 위해 고급 승용차를 등장시킬지, 현실감 있게 내가 타는 차량에 적용해 사용하는 모습을 보여 줄지, 아니면 해당 제품 구매자를 인터뷰해야 할지 등등. 정말 고민을 많이 했다. 구독자가 좋아할 거라는 단순한 생각은 그에 부합하는 콘텐츠로 보여 주어야 한다는 압박으로 다가왔다. 그러다가 내린 결론은 '차량 운행이 잦은 소유주를 출연시키자'였다. 마침 아는 유튜버 '러셀'이 중고 고급 승용차를 구매한 일이 떠올라 그에게 협조를 요청했다. 2030들이 매우 좋아하는 자동차 모델이라 시선을 끌 만하다고 생각했다.

그 차를 산 이유는 무엇인지, 할부금은 얼마나 부담되는지, 타고 보니 알게 된 장단점은 무엇인지 등, 마치 차량 리뷰 같은 내용을 70% 정도 영상 앞쪽에 배치했다. 그리고 훗날 더 좋은 차량을 구매할 때 내가 타던 차를 제값에 팔려면 어떤 점을 유의해야 하는지 이야기했다. 그러면서 차량 상태를 실시간으로 점검할 방법이 있다는 식으로 광고 제품과 영상 내용을 자연스럽게 연결했다. 영상이 올라간 뒤 사람들의 반응은 긍정적이었다. '이것은 광고인가 차량 리뷰인가?'라는 평도 들었으니 말이다. 광고라는 관점이 아니라 광고를 이렇게 기획했다는 관점에서 사람들은 그 영상을 평가한 셈이다. 물론 칭찬으로!

해당 영상(G70 타보고 뼈저리게 느낀 G80이 더 많이 팔리는 이유)은 광고 영상인데도 인기 급상승 동영상 31위에 랭크되었고 조회 수 100만을 기록했다. 광고주가 고마워한 것은 당연했고 기획자인 나와 구독자 모두가 만족한 영상으로 남았다. 그 반응은 내게 큰 기쁨을 주었지만, 구독자들이 평론가처럼 내 기획을 평가한다는

사실도 알았다. 기획할 때 더욱 고민하고 주의를 기울여야 함을
깨닫게 해 준 영상이었다.

PLUS TIP 광고에도 진심은 담긴다

중소기업 홍보 광고를 촬영하러 가기 전 해당 기업 정보는 지극히 제한적이었다.
그래서 출근길에 동행했던 해당 회사 직원 여성분을 주목했다. 힘든 일을 하되
즐겁게 하는 직원분의 모습을 꼭 담아야겠다고 생각했다. 먼지가 날리는 곳에서
일하거나 무거운 물건을 들어야 하는 일 같은 것 말이다.

취재한 회사는 3D 프린팅 관련 회사라 시제품이 나오면 사람 손으로 사포질하고
다듬어야 한다. 영상에는 두 직원이 웃거나 얘기를 나누며 해당 작업을 하는 부
분이 들어가 있다. 사포질로 떨어진 가루를 옷에 가득 묻힌 채로 말이다.

서울의 규모 있는 구청에서 일한 경력이 있지만, 지금 중소기업에서 이런 일을
해도 정말 즐거워한다는 사실을 담고 싶었다. 5초 정도의 짧은 분량이었지만 그
들이 정말로 좋아서 지금 회사에 다니는 듯하다는 반응이 많았다.

광고지만, 긍정적 감정이 그대로 시청자에게 전달된 사례이다.

상상 그 이상, 말의 힘이 지닌 저력으로 모든 것을 얻을 수 있다

● ▶

한창 책을 많이 읽을 때 서점에 가면 자기 계발 도서 베스트셀러 순위에는 말에 관한 주제를 다룬 책이 빠지지 않고 포함되어 있었다.

사람들이 자기 계발 중 비교적 부담 없이 접근하는 카테고리가 바로 대화와 외국어라고 한다. 그래서 스피치, 대화처럼 말에 관련한 주제의 책이나 영어, 일어 회화 같은 책들이 변함없이 인기가 많다고 한다.

사회적 동물인 인간에게 말이 얼마나 중요한지 짐작할 수 있는 부분이다. 사람과 사람이 처음 만나 시작하는 것이 말이다. 말은 화자 정보를 제공하고 감정을 표현하며 목적을 전달하는 핵심 기능을 한다. 그리고 때로는 서로 긴장을 완화하고 공감대를 형성하는 데도 꽤 큰 역할을 한다. 예를 들어 고향은 어디인지, 쉬는 날엔 무엇을 하는지, 최근 개봉한 인기 있는 영화는 보았는지 등등. 사소한 화제가 서로 마음을 열게 하는 '마스터키'가 되어 대화가 훨씬 부드럽고 쉬워진다.

최근 나와 인터뷰를 진행하고 좋은 일이 많이 생겼다며 저녁을 사겠다고 찾아온 분이 있다. 그분은 그날 함께 일하는 사람이라며 처음 보는 분을 데리고 왔다. 짧은 식사가 끝나자마자 나는 그분이 데려온 분을 다시는 만날 일이 없겠구나 싶었다. 서로 처음 만나는 자리인데 앉자마자 유튜브로 벌고 있는 내 수입을 물었으며 돈은 버는 것보다 관리가 중요하다는 조언을 했다. 그리고 앞으로 더 큰 사업을 하려면 자기 조언을 귀담아들으라며 강요하듯 사업 속성을 한참 설명했다. 30분이 되지 않은 짧은 시간이었지만 내 불쾌한 피로감은 상당했다. 서로 주고받는 대화가 아니라 가르치고 혼을 내는 듯한 일방적 강요에 지친 탓이었다. 천 냥 빚을 갚는다는 말의 가치가 땅에 떨어지다 못해 마이너스가 된 셈이다.

반대로 좋은 감정만 기억에 남은 만남도 있다. 그런 상황일수록 대화에 참여한 사람들이 많이 웃는다. 기분 좋은 대화는 그 사람을 좋은 이미지로 기억하게 한다. 그리고 자연스럽게 애프터가 이루어진다. 다음에 한 번 더 만나자거나 도움이 될 만한 다른 사람을 소개해 주겠다는 말이 쉽게 나온다. 좋은 기억으로 좋은 인연을 이어 가고자 하는 말이 따라붙는 것이다.

내가 말의 중요성을 느낀 강렬한 계기가 무엇인지는 떠오르지 않는다. 다만 소심하고 우물쭈물하던 내가 참 싫었고 사람들 앞에서 당당하게 말 잘하는 친구가 부러웠던 기억은 있다. 학창 시절 아르바이트를 하면서도 내 그런 성향은 큰 장애가 되었다. 그래서 앞으로 꼭 그런 점을 고쳐야겠다고 마음먹었던 듯하다.

노점을 할 때 장사를 알려 주셨던 권 사장님은 지나가던 사람에게 말부터 걸었다. 내가 생각하기에 그 물건이 필요해 보이지도, 살 생각도 없는 사람 같은데 사장님이 말을 걸면 '0'이라고 생각했던 확률이 20%로 올라갔다. '절대 안 살 거야'라고 생각했던 사람 5명 중 1~2명은 물건을 샀다. 그 모습을 보면서 나는 말의 효과를 강하게 느꼈다.

강연에 빠져 있던 시절에는 강연가들 말에 울고 웃는 대중을 통해 말의 강력한 힘을 확신했다. 일을 하거나 모임에 갔을 때 몇 마디로 갑자기 분위기를 완전히 바꿔 버리는 사람들을 보면 그렇게 멋져 보일 수가 없었다. 자연스럽게 말은 내가 꼭 배우고 연습해야 하는 일이 되었다. 그래서 대중 앞에서 말하는 것을 가르치는 학원에 나갔고, 소수 인원끼리 모여 대화에 익숙해지는 연습을 하는 모임에도 참여했다. 그러다 보니 점점 말하는 두려움이 사라져 갔다. 덕분에 전화하기도 두려워하는 '콜포비아'였던 내가 전화하는 데 부담을 느끼지 않게 되었고, 사람들 앞에서 강연도 할 수 있게 되었다. 무작정 누군가를 찾아가 상대가 불쾌할 수 있는 상황도 부드럽게 넘길 수 있게 되었으며 지금은 직업적으로 말이 가장 큰 역할을 하는 일을 하고 있다. 그간의 노력에 성과가 있었음이 틀림없다.

한 번은 홍대 거리를 걷다가 이런 일이 있었다. 사람이 많이 모여 있어 무슨 일인지 궁금했다. 알고 보니 서울 시장님이 방송국 카메라를 여러 대 놓은 채 시민 발언대를 진행하고 있었다. 그때 나는 사람들 앞에서 말할 기회가 있다면 최대한 많이 나서려고 했다. 그래서 자연스레 발언대로 나가 마이크를 잡았다. 그런데 시간이 다 되었다며 시장님과 보좌관들이 마이크 앞에 선 나를 저지했다.

"시장님도 바쁘시겠지만, 저도 아주 바쁩니다. 그런데 꼭 하고 싶은 말이 있습니다."

"시간이 다 되어서 다음 기회에 하면 좋겠어요."

"시장님, 저에게 3분만 시간을 주시면 20대 청년들의 투표율을 1.3% 이상 올릴 수 있다고 확신합니다!"

이 말에 시장님은 오케이를 외치며 흔쾌히 마이크를 넘겨주셨다. 시장님은 당선에 젊은 세대 투표율이 굉장히 중요하고 생각하는 분이었다. 그래서 내가 한 말에 마음이 움직일 수밖에 없었을 것이다.

혹시 온종일 무슨 생각을 하는가?

모든 사람은 자기 생각으로 가득 차 있다. 내가 어디로 갈지, 누구를 만날지, 저녁은 무엇을 먹을지 같은 생각으로 말이다. 그런 심리 상태에서는 대화를 통해 무언가를 얻을 수 없다. 상대방의 처지를 이해하고 그들이 듣고 싶은 말을 해 주어야 내가 얻고자 하는 바를 얻을 수 있다. 말을 잘한다는 건 이런 의미다.

「직업의 모든 것」 채널 출연자를 인터뷰할 때 나는 내가 해 보지 않은 경험을 이야기하는 사람들에게 더 호기심을 실은 질문을 던져 흥미로운 대답을 유도한다. 그리고 어느 정도 짐작이 되는 일이라면 원하는 대답을 얻기 위해 질문을 신중하게 한다.

말로 자기가 원하는 바를 얻고자 한다면 상대의 처지와 컨디션을 살피는 일이 가장 먼저다. 상대를 존중하는 마음이 담기지 않은 말은 대화가 아니라 허공에 흘러가는 소리에 지나지 않는다.

대답하는 상대방 없이 말해야 하는 방송이나 강연할 때도 마찬가지다. '내 말을 잘 들으세요!'라는 태도를 버려라. 말에 설득력이 실리려면 내가 내 말을 듣는 사람을 어떻게 배려하는지가 무엇보다도 중요하다.

영상에 경각심과 희망을
함께 심는 이유

● ▶

「직업의 모든 것」채널에는 방송사라면 쉽게 다루지 않을 내용의 콘텐츠도 많이 있다. 평범한 사람들이 쉽게 경험하지 못하거나, 사회적 규범이 금기시하는 영역에 빠져 자기 인생을 망치는 사람들의 이야기가 그렇다. 그 때문에 정말로 이해할 수 없는 삶을 살아가는 출연 희망자가 많다.

인터넷 방송 BJ에게 몇억 원을 썼다는 사람도 있고 육체적 욕구를 푸는 데 수입을 탕진했다는 사람도 있다. 법의 테두리 바깥에서 상상조차 할 수 없는 일을 하며 살아가는 사람들도 생각보다 많았다. 마약에 빠진 사람, 교도소에 갔다 온 사람, 도박에 빠진 대학생, 해외 선물 투자로 망한 사람 등등. 주변에서는 쉽게 관찰하기 힘든 사람들이었다.

처음에 그런 사람들을 접했을 때는 현실감이 없을 정도였다. 그렇게까지 자기 인생을 극단으로 몰아 버린 그 사람들이 이해되지 않았다. 그러나 만나서 이야기해 보면 이유 없는 사람은 없었다. 불우한 환경 탓에 자연스럽게 빠져든 사람도 있었고, 부유한 환경에서 태어났더라도 특정한 계기로 정반대 환경에 발을 들인 사람도 있었다. 그리고 그런 이들에게 나타난 한 가지 공통점은 그런 일을 선택하게 한 상처의 흔적이 마음에 있다는 것이었다.

가끔 조회 수만 노리고 너무 자극적인 내용을 다루는 것이 아니냐고 말하는 사람이 있다. 그러나 그런 내용의 콘텐츠를 만드는 내 진의는 따로 있다. 인간은 하지 말라고 하면 더 하고 싶어 하는 이상한 심리를 지녔다. 그리고 현실에서 일어나는 일이라고 해도 잘 믿으려 들지 않는다. 자기가 믿고 싶은 대로 믿으려고 하기 때문이다. 그래서 자기 인생을 완전히 바닥까지 끌어내린 사람들 입에서 나온 날것을 들려주어야 각성 효과가 있다. 그 정도로 보여 주어야 엉뚱한 곳에 발을 들이지 않을 가능성이 커진다. 그리고 지금 그런 것에 빠진 사람에게는 자기 행동이 잘못되었다는 경각심을 한 번이라도 더 들게 해 준다.

나쁘게 마음을 먹은 가까운 사람에게 피해를 본 사람들의 이야기도. 그런 콘텐츠 중 하나다. 친한 친구에게 사기당해 수억 원 빚을 지고 공사 현장에서 일용직으로 일하거나 보이스 피싱으로 큰 금액의 피해를 본 사람들의 이야기도 다루었다. 실상을 알려 한 사람이라도 그런 일로 피해를 보지 않았으면 하는 마음으로 임했다. 예방 주사 혹은 치료제가 되기를 바라는 마음이다.

예전에 부정적 요소가 많은 일을 했지만, 지금은 완전히 다른 삶을 사는 사람들도 있다. 유흥업소에서 일하다가 아이가 생겨 지금은 다른 일을 하며 성실하게 산다고 고백한 아주머니가 그렇다. 수입은 그때보다 훨씬 적어졌지만, 지금 삶에 매우 만족한다고 했다. 나는 그동안 내가 제작한 음지(?)의 영상들을 본 사람들에게 고맙다는 피드백을 많이 받았다. 지금은 어쩔 수 없이 그런 일을 하고 있지만, 인생을 바꾸겠다는 용기를 품게 되었다고 말이다.

남들이 보기에는 바보 같은 선택이나 누군가에게 드러내고 싶지 않은 치부가 다른 사람에게는 위로와 용기가 될 때가 있다. 자신만 다른 세계에 있는 듯한 기분을 없애 주고 나와 같은 사람도 있다며 그것을 극복할 수 있다는 희망을 주기도 한다.

위와 반대로 희망을 품게 하는 콘텐츠도 있다. 최근에 혼자서 과일 가게를 운영하는 30대 사장님을 만났다. 고등학교를 졸업하자마자 다양한 아르바이트에 뛰어들었고 대학 졸업 후 번듯한 직장에 다니다가 결혼했는데, 이바지 음식에 쓰이는 과일 상자가 너무 예뻐 반했다고 한다. 그 후, 가정생활과 일을 병행해야 하는 상황에 부닥치자, 사장님은 그때 기억이 떠올랐고, 과감하게 직장을 그만두고 창업의 길을 선택했다.

사장님은 매일 새벽에 일어나 청과물 도매 시장에서 제일 맛있고 생김새도 예쁜 과일만 골라 구매해 온다고 한다. 가게에 진열된 과일은 그대로 팔리기도 하고 선물용으로 예쁘게 포장 판매가 되기도 하는데 사장님은 포장 솜씨도 남달랐다. 무거운 과일 상자를 나를 때도 웃는 모습에 밝은 에너지가 느껴졌다. 사장님과 함께 일하고 싶다는 마음이 들 정도였다. 자연스레 사장님의 성공도 응원하게 되었다. 손님이 이 가게 과일을 사도 되겠다는 마음이 드는 건 당연했다.

사장님은 과일빙수 가게에서 일할 때 과일을 엄청나게 많이 썰었던 경험과 패밀리 레스토랑에서 배운 고객 응대 요령이 가게를 경영하는 데 많은 도움이 된다고 했다. 당시에는 조금 힘들다고 생각한 적도 있었지만, 지금껏 열심히 살았기에 그 모든 것이 긍정적 요인이 된다고 뿌듯해했다. 현재 사업이 자리를 잡아 사장님은 또래 친구들보다 3배 이상 수입을 올리고 있었다. 또한 과일 가게 창업 컨설팅과 프랜차이즈를 해보고 싶다며 더 큰 꿈을 꾸기도 했다. 사장님을 인터뷰하는 내내 나는 'N포 세대'라는 단어가 전혀 떠오르지 않았다. 열심히 하면 여전히 성공이 가능한 사회라는 생각마저 들었다.

한 번은 인테리어 공사 현장에서 석고 보드를 작업하는 젊은 기술자가 출연하고 싶다고 연락해 왔다. 현장이 어딘지 물어보니 그리 멀지 않아 찾아갔다. 그분을 만났을 때도 과일 가게 사장님을 만났을 때와 비슷한 기분이 들었다. 20분이라는 짧은 촬영 시간이었지만, 그가 얼마나 열심히 살아왔고 살아가는지 알았다.

집에서 독립해 고시원에 들어간 날, 그는 정말로 땡전 한 푼이 없어 고시원 근처 인력 사무소에 찾아갔다. 그러나 다음 날 현장까지 이동할 차비가 없어서 새벽 4시에 일어나 성남에서 구로까지 3시간 내내 걸었다고 한다. 그래도 그때 시작된 일을 지속해서 한 덕분에 지금은 어엿한 기술 노동자가 되었다. 현재 월 500만 원 이상을 받으며 예쁜 가정까지 꾸렸다며 그는 뿌듯해했다.

우리는 이런 이야기를 접하면 흐뭇한 미소를 띠게 된다. 그가 고난을 힘겹게 이겨 냈다는 데 공감하기 때문이다.

요즘 사람들은 세대를 불문하고 해보지도 않고 안 된다고 판단하는 사람이 너무 많은 듯하다. 물론 세상이 너무 팍팍해 무언가를 이루기가 힘들어졌다는 사실에는 십분 동의한다. 그러나 내가 그랬듯이 그런 사람을 보며 '나도 해낼 수 있을지 모르겠는데?'라는 마음의 변화가 영상을 보는 사람들에게도 생겨났으면 한다.

이 모든 게 실제로 벌어지고 있는 일이라고 알려 주고 싶다. 그 어려운 일을 해내는 사람이 아직 있다고 말이다.

나는 내가 느끼는 도전과 희망의 아름다움을 다른 사람도 느꼈으면 하는 마음을 항상 가지고 있다. 지금은 없을 듯한 사람, 하루하루 성실하게 꿈을 이루어 가는 사람들을 보여 주면서 누구든 할 수 있다는 이야기를 전달하고 싶다.

사회 문제는 절대
꺼지지 않는 불씨이다

● ▶

직업의 다양성과 현실을 보여 주는 것으로 출발한 내 채널은 삶의 다양한 모습, 우리가 함께 고민해야 할 문제들도 공유하는 채널로 업그레이드되고 있다. 그래서 가끔 사회가 해결하지 못한 문제의 현실과 관련한 영상을 만들기도 한다. 그런데 제작 당시에는 반응이 없거나 악의적 반응이 나온 콘텐츠의 조회 수가 갑작스레 폭등하는 일이 가끔 있다. 무언가 잘못된 듯한 사회 문제를 다룬 콘텐츠는 역주행 확률이 높아서이다.

2022년 초, 지방 대도시에서 건설 중이던 아파트가 붕괴하는 사고가 있었다. 대기업 건설사가 짓는 명품 브랜드 아파트였다.

그런 사고가 나니 사람들은 경악을 금치 못했다. 큰 회사도 저러니 도대체 믿을 회사가 없다는 성토가 이어졌다. 나는 건설 현장에서 오래 일한 경험이 있어 2년 전, 「아파트가 부실하게 지어지는 이유」라는 콘텐츠를 만들었다. 현장 실무자가 출연해 건설업계에 오랫동안 뿌리내린 잘못된 관행을 지적하며, 그것이 건축에 쓰는 자재에까지 영향을 끼쳐 부실 공사로 이어질 가능성이 크다는 내용의 콘텐츠였다.

영상을 올린 그 당시에는 댓글 내용이 참 처참했다. '이 내용을 책임질 수 있느냐?', '대기업이 그럴 리 없다.', '침소봉대하지 마라' 같은 식의 댓글이 수십 개 달렸다. 현장에서 일하는 전문가가 이야기하는데도 믿지 않는 상황을 보며 나는 침울해졌다. 사회에 만연한 안전 불감증의 심각성을 짐작할 수 있는 탓이었다. 그렇지 않다고 믿고 싶은 확증 편향 심리일 수도 있겠다는 생각이 들어 안타깝기도 했다.

그러나 아파트 붕괴 뉴스 이후 해당 영상의 조회 수가 급증했다. 댓글 반응도 180도 달라졌다. '선견지명이 있다.', '이런 유튜브 채널이 더 알려져야 한다'라는 응원 댓글이 대부분이었다. 누군가는 부조리하고 불합리한 문제에 지속해서 목소리를 내고 있는데 아무도 귀담아듣지 않다가 사고가 난 다음에야 심각성에 공감하다니! 참 이해하기 힘든 현상이다. '조금만 일찍 다수가 이 문제에 관심을 가졌다면 건설 중인 아파트가 무너지는 일은 없지 않았을까?' 하는 아쉬운 의문만 남았다.

최근에 서울과 수도권에서 80년 만에 기록적 폭우가 쏟아졌다. 그 탓에 반지하에 사는 일가족이 목숨을 잃었다는 안타까운 사연이 뉴스로 나왔다. 피해 지역이 내가 「집 시리즈」를 찍었던 신림동이라 가슴이 너무 아팠다. 내가 그런 집들은 수도 없이 보았기에 당시 상황이 얼마나 끔찍했을지 짐작이 갔다.

「집 시리즈」 기획 의도는 이런 집에도 사람이 산다는 어그로 끌기가 아니었다. 사회 취약 계층의 주거 현실을 보여 주고 그들의 주거 환경을 개선하는 데 도움이 되었으면 하는 마음이 포함되어 있었다. 그래서 마음이 더 아팠다.

그 문제를 개선할 수 있는 권한을 가진 높은 분들이 그때라도 위기감을 느껴 문제 해결에 앞장섰더라면 일어나지 않았을 일일지도 모른다는 생각이 머릿속에서 떠나지 않았다. 사람들은 왜 소를 잃고 나서야 외양간을 고치려 하는지! 문제가 있음을 알고 있으면서도 변화와 개선이 이루어지지 않는 사회 시스템에 분통이 터질 뿐이다. 개인적 감정은 그러한데 「집 시리즈」 영상의 조회 수는 자꾸만 올라갔다. 웃지도 울지도 못하는 난감한 상황이 아닐 수 없었다.

「군대 시리즈」 콘텐츠 중에 공군사관학교 교수님을 취재한 영상이 있다. 「북한이 핵을 쏜다면」이라는 제목의 콘텐츠는 외부 이슈에 영향받아 때때로 조회 수가 급증하곤 한다. 우리나라는 세계 유일의 분단국가다. 그러나 휴전 후 70년이라는 시간이 흘렀기에 전쟁은 절대 일어나지 않으리라는 정서가 지배적으로 자리한 나라이기도 하다. 그래서 국민은 대개 전쟁에 둔감하리라 생각한다. 하지만 북한 지도자가 도발적 발언을 할 때마다 해당 영상의 조회 수가 급격히 상승한다. 겉으로는 아무렇지 않은 듯 살아가지만, 내면에 자리한 불안한 마음이 완전히 사라진 것이 아님을 숫자가 확인시켜 준다.

한국에 거주하는 외국인들이 예능 프로그램에 나와 한반도에 전쟁이 날지도 모른다며 부모님이 한국행을 반대했다는 이야기를 가끔 한다. 국제 사회는 여전히 한반도를 아주 위험한 지역으로 바라보는 듯하다.

나처럼 평범한 계층의 사람이 보아도 문제가 있는 듯해 개선이 필요하다고 지속해서 문제를 제기하는 사안은 정치적·제도적 차원에서 해결해야 한다. 그러지 않으면 그 문제는 다시 논란거리가 될 확률이 높다. 사고는 언제든지 터질 수 있고 피해자가 발생하기 때문이다. 그럴 때마다 그런 영상은 '떡상'하게 될 것이다. 그때는 다수가 그 문제에 관심을 가질 수밖에 없기 때문이다.

나는 그런 사건이 발생하는 일이 없어 내가 만든 관련 콘텐츠가 주목받지 않았으면 좋겠다. 세상에 산재한 문제, 인간이 해결할 수 있는 문제라면 모두 사라져 다들 안전하게 살았으면 하는 마음이 간절할 뿐이다.

PLUS TIP 꺼진 콘텐츠도 다시 보자!

어느 인플루언서의 가짜 명품 이슈가 터진 후 가짜 명품 관련 영상이 갑자기 주목받았다. 처음 업로드했을 때도 반응이 나쁘지 않았지만, 해당 사건 후에 조회수가 급증했다. 보이스 피싱을 소재로 한 영화가 개봉했을 때는 보이스 피싱 수법을 알리기 위해 만든 콘텐츠 역시 같은 양상을 보였다. 꼭 뉴스에 나올 만한 심각한 사회 문제가 아니더라도 인지도 있는 누군가 때문에 주목받는 주제거나 문화적으로 이슈가 생기면 기존에 만들어 놓은 콘텐츠도 다시 주목받는 일이 가끔 생긴다.

걱정과 염려를 확신으로 만드는
설득의 힘 (멧돼지 사냥꾼님과 카진성 님)

● ▶

2019년 가을, DMZ 인근에서 '아프리카 돼지 열병'이 발생했으며, 다른 지역으로 병이 확산하는 것을 막지 않으면 축산 농가에 엄청난 피해를 줄 수 있다는 TV 뉴스를 보았다. 심각한 상황이었는지 며칠 동안 뉴스만 틀면 '돼지 열병' 이야기가 흘러나왔다.

'돼지 열병'은 돼지와 야생 멧돼지에게 전이되는 병으로 감염된 멧돼지가 이동해 다른 지역에 병을 전파하면 그 지역도 안전할 수 없다. 그 때문에 멧돼지 사냥꾼도 뉴스에 등장했다. 멧돼지 포획 포상금도 약 5만 원에서 20만 원까지 올랐다고 하니 정말로 심각한 문제인 듯했다.

그때 지방의 어느 멧돼지 사냥꾼이 인터뷰하고 싶다고 연락했던 일이 기억났다. 그 당시에는 흥미를 전혀 느끼지 못했는데 이번에는 달랐다. 무조건 콘텐츠를 만들어야겠다고 마음먹었다. 그리고 고향 후배에게 연락해 그곳에도 멧돼지 사냥꾼이 있는지, 있다면 혹시 섭외해 줄 수 있는지 물었다.

며칠 후 후배는 적합한 사냥꾼이 있지만, 출연을 꺼린다며 회신을 해 왔다. 나는 일단 내가 직접 통화를 할 수 있도록 해 달라고 했고 전화번호를 받아 전화를 걸었다. 사냥꾼님은 멧돼지가 아무리 농가에 피해를 주는 동물이라고 해도 살상하는 일이라 영상 반응이 좋지 않을 것이며 자신도 노출되면 욕만 먹을 테니 출연하지 않겠다고 했다.

당시 나는 그런 반응이 나오지 않게 할 수 있으니 나를 믿고 출연해 달라고 그에게 요청했다. 멧돼지를 죽여야 하는 합당한 이유를 시청자들도 이해할 수 있도록 디테일하게 넣으면 된다고, 국가에서 멧돼지 사냥을 허가한 이유를 완벽하게 보여 주면 그런 문제는 절대 발생하지 않는다고 강하게 설득했다. 내가 반드시 그렇게 만들어 낼 수 있다는 말도 추가했다.

사냥꾼님은 내 설득에 못 이겨 촬영을 수락했고 나는 문경으로 바로 내려갔다. 현장감을 그대로 느낄 수 있는 영상을 제작하기 위해 나는 최선을 다했다. 사냥꾼을 따라 숨을 헐떡이며 산을 타고, 사냥개가 포위한 멧돼지의 모습에 놀라는 감정도 고스란히 전달하고자 했다. 일반인인 나는 산에서 몇 번이나 뒹굴었는데 그 부분도 그대로 보여 주었다.

사냥꾼님이 걱정했던 안 좋은 반응과 관련한 대비책도 철저히 세웠다. 우선 피해 상황을 적나라하게 보여 주기 위해 멧돼지가 파헤쳐 형체를 알아볼 수 없을 정도가 된 못자리를 여러 개 촬영했다. 총기 결함으로 멧돼지에게 죽임을 당한 다른 사냥꾼의 이야기도 심각한 어조로 녹화했다.

밤도, 낮도 없었다. 낮에는 멧돼지가 사는 산으로 올라가야 했고 밤에는 농작물을 먹으러 내려오는 멧돼지의 습성을 이용해 도로를 달리며 관찰해야 했다. 늦은 밤까지 계속되는 사냥에 동행하며 영상으로 보여 주지 못한 과실수와 농작물 피해 사례도 계속 인터뷰했다. 그분들이 가만히 있는 동물을 죽이는 잔인한 사람이 아니라, 말 그대로 '유해 조수'를 처단해 농민들에게 도움을 주고자 하는 사람임을 분명하게 보여 주려 했다. 편집 과정에서도 그런 영상과 음성을 적절한 곳에 배치하는 데 심혈을 기울였다. 다행히도 사냥꾼님이 우려한 부정적 반응은 거의 없었다. 그리고 해당 영상은 조회 수 600만 회를 기록했다.

'카진성' 님의 사례도 이와 유사하다. '중고차파괴자' 님과 협업하면서 카진성 님은 자신에게 유익한 효과를 누렸음은 물론이고 그 작업에서 굉장히 신선함을 느꼈던 듯했다. 그래서 「직업의 모든 것」에 출연을 더 하고 싶다고 연락을 주었다.

그는 '유튜브를 하며 느낀 것들'이라는 주제를 제안했는데 나는 사람들이 카진성 님에게 궁금해하는 것은 그게 아닌 듯하며 지금 캐릭터와 전혀 어울리지도 않는다고 의견을 냈다.

그 후 우리는 영상에서 무슨 얘기를 하면 좋을지 오랫동안 대화를 나눴다. 나는 카진성 님께 지금까지 살아온 이야기를 해 달라고 했다. 그리고 그가 오랜 시간 개그맨의 꿈을 이루기 위해 노력했다는 사실을 알았다. 거기서 영감을 얻은 나는 그에게 자동차 튜닝 리뷰어가 아닌 개그맨이라는 꿈을 갖게 된 계기와 그것을 이루기 위해 한 노력에 관한 이야기를 들려주자고 제안했다. 특히나 그가 개그맨이 되려고 대학로 연극 무대에서 보낸 시간과 경험이 깊게 와닿았다.

당시 카진성 님은 개그맨 지망생이 얼마나 되겠냐며 많은 사람이 보지는 않을 거라고 걱정했다. 그러나 내 생각은 달랐다. 개그맨이라는 정체성 탓에 사람들을 웃겨야 한다는 강박을 내려놓은 채 꿈을 위해 최선을 다했던 과정과 실패 후 유튜버로 전향한 이야기를 담담하게 털어놓는다면 시청자의 마음을 움직이기 충분하다고 여겼다. 나는 카진성 님의 진지한 모습을 끌어내고 싶었다. 고정된 이미지에 의외성을 주고 싶었으며 지금이 아주 적

유튜브의 정석

절한 시기라고 생각했다. 그리고 그것이 긍정적인 효과도 내리라 믿었다.

아무리 웃긴 사람도 24시간 내내 텐션이 높을 수 없다. 한 인간이 일상에서 겪는 일이 다 행복하지만도 않다. 그 때문에 자기가 가진 다양한 모습을 보여 주는 것은 그 사람의 매력을 한껏 높이는 방법이다.

내 생각대로 시청자의 반응은 카진성 님의 생각과 달랐다. 카진성 님의 진중한 모습에 새로운 모습을 알게 되었다며 카진성 채널에서 그가 캐릭터를 소화하려고 쏟는 노력에 박수를 보낸다고 했다.

우리는 물건을 사러 갈 때 친구를 데려가 의견을 묻곤 한다. 결정이 어려울 때는 전문가에게 조언을 구한다. 자기 판단만으로 쉽게 결정하지 못할 때 하는 행동이다. 그런 상황에서 이해할 만한 다른 방향을 제시해 상대방의 걱정과 의심을 해소해 주면 그 마음은 금방 확신으로 바뀐다. 만약 그것이 공동 프로젝트라면 함께하겠다는 *끈끈한* 파트너십을 창조한다. 그리고 그 파트너십은 지향점까지 달리게 하는 힘이 된다. 그것이 설득이 가진 힘이다.

PLUS TIP 서사의 본질에 집중하라

삼성 그룹에서 일하다가 과감하게 퇴사한 뒤 인테리어 필름으로 월 1천만 원을 벌고 있는 30대 건물주 이야기(삼성 퇴사하고 기술 배워서 자수성가한 30대 건물주)를 콘텐츠로 다룬 적 있다. 이 또한 설득의 중요성을 알려 준 사례이다.

그분은 첫 직장 생활을 할 때부터 10원 단위로 지출을 줄여 생활했다. 보험 회사 텔레마케터로 일할 때는 전화 영업을 어떻게 하면 잘할 수 있는지 집요하게 연구해 판매왕 4위를 했다고 한다. 그에게는 한 가지 특이한 사연이 있었는데 사회 초년생일 때 최소한의 생활비를 뺀 나머지 수입으로 우량 주식을 매입했다고 한다. 그리고 2년이 지나, 퇴사할 때 보니 수익이 무려 6배가 올라 건물을 사고 집을 사는 종잣돈으로 활용했다고 한다.

이십 대 초반에 아끼고 모으는 노력이 꼭 필요하며 직업적으로도 치열하게 파고들어야 한다는 사실을 나는 이 영상을 통해 전달하고 싶었다. 그러나 자칫 '주식'이라는 단어가 거부감을 줄 듯해 '주식' 관련 내용은 제일 마지막에 슬쩍 던지는 것으로 마무리했다.

내가 시청자의 판단에 영향을 주겠다는 의도가 아니었다. 그저 서사의 본질에서 벗어나지 않았으면 하는 마음이었다. 인내와 노력은 빠를수록 복리 효과가 크다는 본질을 시청자에게 전달하고 싶었다.

출연자의 마음을 바꾸는 것도, 영상을 보는 사람의 관점이 흐트러지지 않게 하는 것도 모두 설득의 범위 안에 있다는 사실을 명심하자.

메일이 알려 주는 세상 뉴스들

● ▶

영화 「국가 부도의 날」에서 배우 유아인이 연기한 윤정학은 라디오에서 흘러나오는 사연들로 국가 위기를 예감한다. 1997년, 대한민국 최고의 경제 호황을 즐기던 그때 라디오에 도착한 사연 속에서 장사가 안돼 힘들다는 이야기를 접하면서 말이다.

라디오 사연들이 윤정학에게 판세를 알려 주는 뉴스였다면, 나에게는 매일 아침 쏟아지는 새로운 메일들이 그 무엇보다 솔직한 뉴스이다. 시청자들이 내 영상을 본 뒤 보내는 메일은 단순히 업무를 위한 선택지가 아니다. 그 메일들은 내가 세상과 만나는 통로이자 내일을 가늠하게 하는 소중한 데이터이다.

메이저 매체 뉴스에서 비트코인 이야기가 나오기도 전에 내 메일함은 비트코인으로 성공했다는 사연으로 가득했다. 또 주식이 큰 인기를 끌 때는 주식과 관련한 메일이 전체 메일의 과반을 차지했다. 메이저 매체보다 더 정확하고 빠르며 디테일한 것이 내 메일함이 지닌 힘이다.

이렇게 내 메일함은 세상이 돌아가는 굵직한 정보를 담고 있기도 하지만 사람들의 욕망과 현실이 적나라하게 드러나는 현장이기도 하다. 기혼자들의 기상천외한 외도 방법, 결혼 시장에 진입한 남녀의 원초적 목적을 담은 메일도 있다. 매월 1억의 매출을 올렸으나 핵심 업무를 할 줄 몰라 폐업한 IT 스타트업 대표님도 있고, 친구의 투자 제안에 속아 3억이라는 빚을 지고 막노동을 하는 20대 청년도 있다.

사람이 사람에게 얼마나 잔인한지 실감하게 하는 메일은 나를 아프게 한다. 그래도 슬픈 사연을 담은 메일만큼 나를 미소 짓게 하는 메일도 있다는 사실에 안도한다. 어린 시절 불법적인 일로 많은 돈을 벌었지만, 아이가 태어나자 돈보다 더 중요한 가치를 깨달았다는 분, 대기업에서 과감하게 퇴사한 후 매출이 수십억 원이라는 분, 힘든 노동이지만 꿈을 위해 수년간 묵묵하게 일하는 분 등등. 그런 분들과 만나면 나도 모르게 기분이 좋아진다. 직접이 아니라 메일로 만나더라도 말이다.

전자 화폐 호황 흐름을 잘 올라탄 경찰 공무원 한 분은 전자 화폐로 100억 원을 버셨다. 그분은 직장을 그만둘 거라며, 그동안 몸담았던 경찰 공무원 업계의 부당함을 폭로하고 싶다고 하셨다. 생계 문제를 초월하면 다른 가치에 의미 부여가 되기도 하는 듯하다.

비트코인 150만 원으로 투자를 시작해 8개월 만에 50억 원을 번 24살 청년의 메일도 내게는 신선했다. 실제로 만나 보니 다른 20대들과 크게 다를 바 없는 딱 그 나이의 어린 청년이었다. 장난치기 좋아하고 사소한 것에도 자지러지게 웃는 그는 밝은 20대 모습 그대로였다. 하지만 이야기를 나누는 내내 잠시도 휴대전화를 손에서 놓지 않았다. 그리고 실시간으로 장시세에 예민하게 반응하며 매도와 매수를 진행했다. 그런 노력이 그에게 엄청난 부를 안겨 준 것이다.

타인의 성공을 접할 때마다 나는 신선한 자극을 받는다. 그리고 그 안에서 더 큰 희망을 발견한다. 평범하거나 그보다 못한 사람도 자기 기술을 살려 많은 돈을 버는 게 가능한 세상이라는 사실을 입증받는 기분이기 때문이다. 나는 이러한 사실을 포기가 익숙한 다른 친구들에게 반드시 알려 주고 싶다.

우리는 뉴스를 통해 어린 연예인이 성공해 청담동에 있는 수십억 원에 달하는 집을 샀다거나 어느 기업의 자녀가 부모에게 엄청난 재산을 상속받았다는 기사를 가끔 접한다. 그럴 때마다 여지없이 상대적 박탈감을 느끼곤 한다. 뉴스는 그런 감정까지 실어 전달하지 않는데도 사람은 자기도 모르게 그 뉴스에 자기감정을 싣는다.

그러나 박탈감은 누구의 인생에도 도움이 되지 않는다. 그저 포기라는 감정을 부추길 뿐이다.

나는 유튜버로 얻는 금전적 이득보다 사람을 통해서 느끼고 배우는 바가 더 많다. 취업도 집도 차도 결혼도 힘들어 포기하는 게 오늘의 현실이라지만, 내 생각은 좀 다르다.

이 차가운 세상 안에서도 어떤 이들은 열렬히 기회를 찾고, 적극적으로 도전한다. 그리고 '요즘 같은 세상에서는 이건 있을 수 없는 일이야!'라는 말이 틀렸음을 당당하게 입증해 낸다. 절대 건널 수 없을 듯한 계층의 강을 기어코 건너고 마는 사람들을 보며 나는 아직 남아 있는 희망을 발견한다.

대충 배운 사람과
제대로 배운 사람의 차이

● ▶

나는 길을 걸으면서도 주변을 유심히 살피는 편이다. 내가 장사를 한 신림동은 유동 인구가 꽤 많은 지역이고 지금도 신림동에서 시간을 보낼 일이 많다.

신림동의 특성은 참 다양한 사람이 모여 산다는 데 있다. 근처에 대학교도 있는지라 타지 사람이 서울에 올라와 처음 자리를 잡는 동네이기도 하다. 그래서 신림동에는 큰 상가들이 꽤 있다.

무더위가 기승을 부려 밖에 5분만 서 있어도 땀이 비 오듯 흐르는 여름날에 있었던 일이다. 집 근처를 걷고 있는데 한 잡화점이 보였다. 잡화점 앞 행사용 상품을 진열해 놓은 매대에는 세일

상품으로 유산균 박스가 가득 쌓여 있었다.

'이렇게 무더운 날 냉장고에 넣어 신선도를 유지해도 부족할 듯한 유산균을 밖에다 쌓아 놓다니! 과연 저 안의 유산균이 정상적으로 보존되고 있을까?'

나는 그 잡화점 관리자가 상품 관리를 전혀 할 줄 모른다는 생각이 들었다. 그리고 그 잡화점에서는 어떤 상품도 사고 싶지 않아졌다. 다른 사람들의 마음도 나와 같았는지 잡화점에는 손님이 없었다. 그리고 얼마 안 가 폐업 공지가 붙었다. 이름을 얘기하면 누구나 알 만한 꽤 유명한 프랜차이즈 잡화점이었는데도 결과는 뻔했다. 디테일에 신경 쓰지 않는다면 어떤 가게도 오래갈 수 없다.

내 채널이 어느 정도 알려지자, 나에게도 여러 채널에서 인터뷰 요청이 왔다. 하지만 나는 대부분 거절했다. 내가 인터뷰 대상자가 된다는 사실이 자연스럽지 않다고 생각했기 때문이었다. 그런데 포기하지 않는 분이 있었다. 바로 '휴먼 스토리' 채널을 운영하는 대표님이었다. 나는 어쩔 수 없이 그분의 인터뷰 제의를 수락했다.

영상은 나의 일과를 담는다는 콘셉트로 진행되었다.

촬영 당일, 대표님은 새벽 일찍 집으로 오셨고 잠에서 막 깬 나에게 카메라가 다가왔다. 나는 내가 사는 공간을 보여주고 내가 아침에 일어나서 꼭 하는 나만의 루틴과 관련해 대답했다. 그리고 그날 해야 할 인터뷰를 하러 밖으로 나갔다.

차에 타자마자 하는 휴먼 스토리 대표님의 행동을 본 나는 이분이 얼마나 자기 일에 진심인지 바로 알 수 있었다. 보조석에 탄 대표님은 좌석 앞 에어컨을 바로 껐다. 작은 에어컨 소리도 녹음에 상당한 지장을 준다는 사실을 알기에 한 의도적 행동이었다.

가끔 '휴먼 스토리' 채널의 촬영 스튜디오에 놀러 가기도 하는데 거기서도 그분이 일에 얼마나 몰입하는지 느껴지게 하는 일이 많았다. 한 번은 출연자가 방송을 준비하는 동안 대표님께 이것저것 말을 건네려고 했다. 그런데 그는 "아무 말도 하지 마세요" 하고 바로 가로막았다. 카메라가 켜지면 그때 말씀하시라고 말이다.

나 역시 비슷한 경험을 많이 한 탓에 대표님이 왜 그러시는지 잘 안다. 출연자와 인터뷰이가 미리 대화를 많이 나누다 보면 텐션이 떨어진다. 질문하는 사람은 자기를 시청자에 이입해서 시청자가 궁금해할 것을 바로바로 물어야 한다. 그런데 미리 이야기를 들은 후에는 이미 정보가 생겨서 질문이 정제된다. 날것의 매력이 떨어지는 셈이다.

대답하는 사람도 마찬가지다. 한 번 이야기를 한 것으로 정보가 전달되었다고 판단해 호기심 어린 눈빛에 제대로 호응하지 못한다. 그 때문에 대답이 간소해지고, 눈빛 같은 것으로 대답을 대신하는 일도 생긴다. 휴먼 스토리 대표님은 이런 일을 경험으로 완벽하게 이해하고 있었기에 출연자를 만류한 것이다.

이것이 제대로 배운 사람과 대충 배운 사람의 차이다. 게다가 내가 오랜 시간을 들여 깨달은 것을 대표님은 나보다 훨씬 짧은 시간 안에 터득한 상태였다.

미국 하버드대학교 교육 신경 과학 분야의 선도적인 사상가 토드 로즈의 저서 『다크호스』는 갑자기 혜성처럼 등장해 자신만의 방식으로 성공을 거둔 사람들의 비밀에 관한 이야기를 다루고 있다. 그들은 자기가 꿈꾸는 일에 강한 충족감을 느낀다는 공통점을 가졌다. 그러나 성장 배경, 동기 부여 이유, 노력 방식은 종잡을 수 없을 정도로 다양했다. 그들은 관심사와 욕구, 희망에 자기만의 방식으로 몰입했다. 그리고 개개인이 강점을 더욱 탁월하게 키웠다. 그것이 성공에 이르는 가장 큰 원동력이었다.

우리 주변에는 법의 테두리 안에서 자기의 모든 역량을 집결해 자신만의 결과를 낸 사람들이 있다. 그리고 그들이 성공한 데는 분명히 나름대로 이유가 있다. 언변이 뛰어나지 않은데, 주변에 친구가 많다면 그 사람은 친구들을 진심으로 대하는 사람일 가능성이 크다. 외모가 비호감인데 영업왕이 되었다면 그 사람은 고객이 원하는 바에 집요하게 파고들었을 것이다. 근사하고 원대한

　　　　　　　　　　　　　　　유튜브의 정석

방법이 아니지만, 그들은 자기 방식으로 원하는 것을 얻으려는 노력을 아끼지 않았다.

여기서 우리는 성공을 거두는 핵심을 알 수 있다.

겉으로 보이는 모습으로만 사람을 판단하는 습관은 당장 버리자!

우리가 보지 못하는 시간에 그들이 어떤 노력을 하고 있는지 생각해 보자!

그냥 되는 것은 없다는 옛말에 나는 무조건 동의하는 사람이다. 남 떡이 아무리 쉽고 좋아 보여도, 그 떡은 그 사람이 각고의 노력을 쏟아 만들었음을 인정해야 한다.

그리고 나보다 낫다고 생각되는 사람이 있다면, 그 사람을 시기할 시간에 차라리 싼 캔 커피 하나라도 사 들고 그 사람을 찾아가라. 그리고 그가 어떻게 이런 사람이 되었는지 조언을 구하자. 그러는 편이 나의 내일이 풍요로워지는 데 훨씬 도움이 된다.

Chapter

빅 히트로 이어지는
콘텐츠 기획법

아이디어는
일상에서 나온다

보통의 복층들은 여기에 수도관이 있어요

● ▶

내가 서울에 올라와 자리를 잡은 곳은 신림동이다. 지금도 신림동 원룸에서 살고 있다. 신림동은 지방에서 올라온 사람들이 자취를 많이 하는 곳으로 알려져 있다. 형편이 어려운 사람들은 그중에서도 월세가 가장 저렴한 고시원에서부터 서울살이를 시작한다.

나 역시 그랬다. 그래도 나는 10년이라는 시간 동안 조금씩 나은 공간으로 이사를 하고 있었기에 내 거주 공간에 불만이 전혀 없었다. 그리고 사람들은 대개 그런 곳에 산다고 생각했다. 그런데 서울에서 인간관계를 맺고 집에 놀러 오는 사람이 늘어나면서 내 생각과 다른 말을 자주 들었다. 내가 사는 환경이 너무 열악한 듯하니 이사를 하는 편이 좋겠다는 조언이다.

늘 그런 집들만 보고 살아서 그런지 한 번도 그런 생각을 한 적이 없었다. 그러나 여러 사람에게 그런 말을 들으니 '내가 사는 환경이 그 정도로 낙후되었나?' 하는 생각이 들었다. 생각은 거기에서 멈추지 않았다. '나처럼 지방에서 올라온 사람들이 사는 집들을 현실적으로 보여 주는 콘텐츠를 만들면 어떨까?' 하는 아이디어로 이어졌다.

비단 지방에서 올라온 사람들뿐만 아니라 서울 태생이더라도 개인 사정에 따라 자취해야 하는 사람도 있다. 이 콘텐츠를 잘만 구성하면 2030 주거 현실을 그대로 보여 줄 수도 있을 듯했다. 생활에서 겪는 작은 일들이 콘텐츠로 확장되는 사례이다.

인간은 평범한 일보다 극단적 사건에 반응한다. 특히 영상 콘텐츠는 어정쩡해서는 주목받을 수 없다. 좋은 집을 보여 주려면 100억이 넘는 시그니엘, 한남 더 힐 같은 집을 보여 주어야 하고 반대라면 서울 시내에 존재한다고 믿을 수 없을 정도로 열악한 집을 보여 주어야 한다.

조사해 보니 좋은 집 관련 콘텐츠는 이미 많은 곳에서 노출했다. 자기 삶을 자랑하고 싶은 사람들, 부동산 거래로 이익을 얻어야 하는 사람들이 벌써 수많은 영상을 올려놓았기 때문이다. 그러나 경제적으로 빠듯한 상황에서 집을 구해야 하는 사람들이 선택할 수밖에 없는, 신림동 같은 동네의 집 정보는 없었다.

나는 즉시 부동산 중개사 '러셀' 님과 '집공략'님에게 연락해 내 기획 의도를 설명했다. 동시에 그들에게 영화 '기생충'에 등장한 사진을 보여 주었다. 그리고 그런 집들을 찾아내 해당 콘텐츠에 참여할 것을 권했다.

'러셀'님과 '집공략'님은 며칠 동안 자기가 찾은 집을 카톡으로 시도 때도 없이 보내왔다. 자취 경력이 오래된 나는 마치 심사위원이 된 듯 'NO'와 'YES'를 보냈다. 취재할 집이 어느 정도 모인 뒤로는 취재할 집 사진을 보며 어떤 질문을 해야 할지 고민했다.

좁은 집에 들어갔을 때 그 느낌을 더 살리기 위한 질문을 떠올렸고, 반지하를 촬영할 때는 카메라가 위에서 아래를 내려다보듯 찍어야겠다고 생각했다. 복층 집에서는 위층에 침대를 두는지, 짐을 두는지 검색했다. 그 덕분에 복층은 누워 있으면 위층 배관이 지나가서 소음으로 잠들기 힘들다는 정보도 찾아냈다. 알고 보니 부동산 중개인이 집을 저녁에 보여 주는 이유도 있었다. 인근에 공사장이 있다면 밤에는 작업이 중단되기에 공사 소음을 느낄 수 없기 때문이었다.

취재할 집에 미리 가 보기도 했다. 집 앞을 서성이다가 우연히 그 집을 보러 온 다른 세입자들이 나누는 이야기를 들을 기회가 생기기 때문이다. 자연히 집을 구하는 측이 고려하는 사항이 무엇인지도 알게 된다. 치안이나 대중교통 접근성 같은 것들이다.

인근 부동산도 찾아갔다. 집주인이 어떤 사람인지, 같은 건물에 사는지 아닌지 물어보며 질문의 레이어를 하나씩 쌓아 갔다.

내가 처음 유튜브를 시작하고 인터뷰했던 기자님이 해 주신 조언이 있다. '질문을 잘하려면 대답하는 사람보다 많은 것을 알아야 한다'라는 것이다. 나는 그 조언을 최대한 실천하려고 애썼고 지금도 변함없이 실천하고 있다. 내가 단시간에 부동산 중개인분들보다 더 많은 전문 지식을 습득할 수는 없겠지만 적어도 그 집 하나의 관련 정보는 더 많이 아는 상태로 인터뷰에 임할 수 있어야 한다고 여겼다.

차곡차곡 준비하다 보니 어느덧 첫 촬영이 시작되었다. 직접 눈으로 본 월셋집들은 신림동에서 오래 산 내가 봐도 놀랄 만한 집들이었다. 화장실 변기가 보일러실 끝에 있어 볼일을 보려면 4~5m를 걸어 들어가야 했다. 주차장에 딸린 방은 화장실이 따로 있었다. 같은 방을 두 개로 나눠 보일러를 공유해야 하는 집도 있었다.

주변 사람들은 내가 사는 곳이 열악하다고 했지만, 그 집들을 보니 내 집이 호텔 방 같다는 생각이 들 정도였다. 어쨌든 어쩔 수 없이 작은 방을 구해야 하는 사람들의 상황을 고려해 준비해 놓은 질문을 하는 일도 잊지 않았다.

옥탑방을 촬영할 때는 옥상 한쪽 작은 텃밭에서 상추가 자라는 것을 보았다. 당시 나는 중개인분께 "주인분이 옥상에 자주 올라오시겠네요"라고 넌지시 물었다. 옥탑은 더위, 추위, 집주인의 옥상 방문 여부가 가장 큰 문제이기 때문이었다. 옥탑 월세를 구하려는 사람에게 그러한 사정을 알려 주고 싶었다.

월세방을 다룬 첫 영상을 올린 후 반응은 예상대로였다. 정말로 이런 집이 서울에 존재하느냐부터 사람이 사는 데가 맞느냐 등등의 반응이 나오고 자기 이익만 생각하는 임차인을 향한 분노도 들끓었다. 채널 구독자와 유튜브 이용자들의 반응은 가히 폭발적이었다. 단 하나의 영상(월세 30만 원 미만 저렴한 서울 원룸의 실체)에서 조회 수가 300만이 넘었다.

너무 많은 조회 수가 나오자, 언론사 기자들도 해당 내용과 관련해 기사를 작성했다. '교도소 독방', '누가 여기서 살아?' 같은 자극적인 제목으로 말이다. 다른 유튜버들도 '집' 콘텐츠를 쏟아 냈다. 그전에는 유튜브 플랫폼에서 찾아보기 힘들었던 '집'이라는 주제가 날개를 단 듯했다. 반응이 그러니 추가 영상을 제작할 수밖에 없었다. 나는 그 후로 총 16편의 영상을 만들었다. 영상 조회 수는 3천만 회를 훌쩍 넘겼다.

시리즈 중간에는 신림동 월셋집과 완전히 상반되는 초호화 아파트 영상도 넣었다. 분양받은 신축 아파트가 4년 만에 2배 올랐다는 내용처럼 허탈감을 일으킬 만한 내용도 담았다. 외면하고 싶어도 마주해야 할 현실이기 때문이다. 부동산 정책 관계자분들도 그 현실을 체감해 변화가 생겼으면 좋겠다는 마음을 담았다.

「집 시리즈」는 일상에서 겪은 정말 작은 사건 하나에서 시작했다. '내가 사는 곳이 정말로 열악한가?'라는 의문이 아이디어로 이어졌다. 이렇게 열악한 집들도 있다는 사실을 밝히고, 준비한 질문들을 통해 사람들이 궁금해하는 것들을 해소했다. 이 영상들은 주거 문제와 어쩔 수 없이 직면한 젊은 세대들에게 큰 공감을 불러일으켰다. 조금 과장하자면 유튜브 채널에서 집을 보여 주는 하나의 트렌드를 만든 셈이다.

이처럼 대단해 보이는 아이디어도 일상에서 얼마든지 나올 수 있다. 일상적이라는 말은 다수의 공감을 얻을 수 있다는 역설적 장점도 있다. 다만 어떤 프레임으로 관찰하느냐가 관건이다. 집 시리즈는 특별한 것이 반드시 대단한 것일 필요는 없다는 사실을 알게 해 준 콘텐츠다.

서사 중 가장 흥미로운 서사는
반전의 서사_ 제갈건

「집 시리즈」의 성공으로 한결 친분이 두터워진 '집공략'님이 어느 날 자기 친구를 출연자로 소개하고 싶다고 했다. 중고교 시절 싸움으로 서대문을 평정할 정도로 유명했다며 그의 이름을 알려 주었다. 언젠가 들어 본 적이 있는 이름이라 곰곰이 생각해 보니 인스타그램이나 네이버 블로그 이전의 SNS였던 싸이월드에서 본 기억이 났다. 지금은 유튜브나 SNS에서 철학 인플루언서로 알려진 제갈건 님이었다. '집공략'님은 추가 설명도 해 주셨는데, 지방에 있던 내가 알 정도로 싸움으로 유명했던 제갈건 님이 현재는 전혀 다른 삶을 살고 있다고 했다. 그분의 변화무쌍한 삶은 내 호기심을 불러일으키기에 충분했다.

그 후 나는 제갈건 님을 만나 짧은 대화를 나누었다. 제갈건 님은 어린 시절 치기로 벌인 싸움을 크게 후회하고 있었다. 자기가 저지른 잘못을 상쇄하려는 마음에 사람을 돕는 일을 하기로 했으며, 이제는 사회복지사를 준비하고 있었다.

첫 번째 만남에서 기획 방향은 명확해졌다. 학창 시절 싸움 이야기와 큰 패배를 통해 싸움과 거리를 두게 된 사연. 대학에 들어가 동양 철학을 전공하며 인과응보에 관해 깊이 생각한 이야기. 자기 잘못을 용서받기 위해 다른 사람을 돕는 사회복지사가 되기로 한 서사. 이거면 충분할 듯했다.

제갈건 님을 다룬 영상의 반응은 예상대로 가히 폭발적이었다. 제갈건 님은 자기 이야기를 논리적이고 재미있게 풀어 주었다. 게다가 '거예요~'라는 독특한 말투는 상당히 흡입력 있었다.

싸움에서 시작해 술로 생긴 사건 사고, 삶에 철학을 대입해야 하는 이유, 주변 사람들에게 품은 참회의 마음으로 주제를 넓혀 가며 나는 제갈건 님 영상을 총 14개 제작했다. 조회 수는 모두 합쳐 1,900만 회에 달했다.

영상이 성공한 탓에 인터뷰 제안도 숱하게 왔다. 전국 수많은 일진, 지역 네임드, 아마추어 운동선수, '천안 만식이', '울산 마동석', 실제 물의를 일으켜 뉴스에 나온 유명 '현피 유튜버' 등등. 자신도 꽤 유명하다며 내 채널에 출연해야겠다고 했다. 그러나 나는 제갈건 님 이후 싸움이 주제인 콘텐츠를 만들지 않았다. 다른 이들에게는 제갈건 님 같은 반전 스토리가 없는 탓이었다.

제갈건 님은 싸움에서 지면 그 패인을 분석했고 모자란 부분을 채우려고 노력했다. 그런데 군대에 가서 선임들에게 지독한 괴롭힘을 당하면서 자기가 저지른 잘못은 반드시 자기에게 돌아온다는 깨달음을 얻었다. 그 후 그는 속죄하는 마음으로 현재 목표를 정했다고 한다. 싸움을 잘하는 사람은 말 그대로 싸움꾼일 뿐이다. 나는 그들의 이야기가 무용담처럼 세상에 알려지기를 바라지 않는다.

콘텐츠를 바라보는 시청자의 눈은 거의 비슷하다. 눈에 보이는 것을 향한 판단은 순식간에 일어난다. 그래서 같은 사람을 인터뷰하더라도 그 사람의 어느 부분에 접근할지 판단하는 예리한 감각이 있어야 한다.

유튜버마다 각자 콘텐츠에 맞게 메가 히트 영상을 만드는 기준이 있겠지만, 나는 반전의 서사가 있는 출연자를 좋아한다. 자기가 했던 행동을 반성하고 잘못된 무언가를 바꾸려고 노력했다는 '서사' 말이다. 평범하고 식상한 것으로는 유튜브 유저들의 흥미를 불러일으킬 수 없다.

내 채널에 출연한 후 제갈건 님의 삶에 큰 변화가 있었다. 각종 유튜브 채널에서 그를 불러 인터뷰했고 이름이 더 알려져 대학 강의도 하게 되었다. 제갈건 님은 그런 일이 있을 때마다 문자나 전화로 감사하다는 연락을 잊지 않고 보낸다.

나는 그저 내 일을 했을 뿐인데 누군가의 성장에도 도움이 되는 보람찬 과정이다. 보편적인 삶보다 우여곡절이 많은 사람으로 자기를 소개했던 제갈건 님은 보편적인 사람이 되려고 노력하는 중인 듯하다. 자기 인생에 반전이라는 질량을 충분히 채웠기 때문이다.

PLUS TIP 콘텐츠가 지닌 관심의 역량 영상

반응이 폭발적이자 사람들의 시선은 제갈건이라는 인물로 옮겨갔다. 다른 채널에서 출연 요청이 엄청나게 많이 왔고 그중에는 대형 유튜브 채널도 많았다. 나는 그런 영상이 올라올 때마다 점점 유명해지는 제갈건 님의 모습에서 뿌듯함을 느낀다.

원래 제갈건 님 영상은 11부에서 마무리하기로 마음을 굳히고 있었는데 제갈건 님이 역으로 제안했다. 다른 채널에서 촬영하다가 너무 재미있는 에피소드가 자꾸 더 생각났다며 「직업의 모든 것」에서 그 얘기를 하고 싶다고 했다. 마지막 3편, 연애에 관한 스토리가 그 영상들이다.

제갈건 님이 싸움했던 이유는 관심을 받는 것이 좋았기 때문인지도 모른다. 제갈건 님은 유튜브라는 플랫폼을 통해 받고 싶었던 관심을 건강한 방식으로 받으며 만족하고 있는 듯하다.

최상의 합, 곱하기가 되는 법칙
_ '중고차파괴자'와 '카진성'

카푸어 시리즈(카진성 편)_조회 수 25,000,000회

● ▶

이동이 많은 직업이다 보니 내게 차는 꼭 필요하다. 그래서 효율성에 무게를 두고 차를 고르는 편이다. 하지만 자동차를 콘텐츠로 보면, 내게는 매우 중요한 키워드가 된다. 내 채널 구독자는 남성 비율이 높아 자동차에 당연히 관심이 많으니 말이다.

2030들이 자기 능력과 별개로 차라도 좋은 것을 타고 싶어 하는 시류까지 더해서 생각한다면 주목받을 주제가 분명하다. 그리고 수년 전 등장한 '카푸어'라는 단어의 뉴스 노출 빈도가 높아지는 상황을 주목하던 나는 자동차 관련 콘텐츠를 기획했다.

중고차 허위 딜러에게 피해를 본 사례도 워낙 많아 최소한의

정보라도 진달해 그 피해를 줄이고 싶었다.

그 결과, 중고차를 구매할 때 기본적으로 확인해야 할 것은 무엇인지, 어느 지역에서 구매하면 좋은지, 소득별로 구입하고 유지하기에 적합한 차량은 무엇인지 등등을 다룬 영상을 제작하고 업로드했다. 그런 정보를 원하는 시청자층이 분명히 있다는 내 판단이 맞았는지 해당 영상은 꽤 높은 조회 수를 기록했다. 조금이라도 피해를 줄이고 싶다는 선의의 목적까지 달성할 수도 있었다.

나는 영상의 반응 추이를 보며, 기획이 지루하지 않다면 자동차에 관한 몇 개 영상을 추가로 제작해도 반응이 좋으리라 판단했다. 그래서 자동차 리뷰 채널을 찾아보다 '카진성'이라는 분의 영상을 접하게 되었다. 이상한 가발을 쓰고 보통 사람이라면 입지 않는 우스꽝스러운 옷을 입은 카진성 님이 국내산 고급 자동차를 리뷰하는 영상이었다.

당시 나는 채널 주인이자 진행자인 카진성 님이 참 흥미로웠다. 우선은 텐션이 유명 방송인 못지않았다. 사소한 작은 소재를 자기 언어로 너무 재미있게 비유해서 표현하는 모습도 참 인상적이었다. 이후에 안 사실인데, 카진성 님은 한때 개그맨을 꿈꾸었다고 한다. 그 덕분에 혼자서 많은 시간의 영상을 채우는 일이 그리 어렵지 않았던 듯하다.

'참 독특하고 재미있는 캐릭터를 가진 사람이다'라는 생각이 들었지만 반대로 아쉬운 부분도 보였다. 방송계에서만 쓰는 용어 중에 '니주'와 '오도시'가 있다. 상대가 제대로 웃음을 터트릴 수 있도록 웃길 수 있는 상황을 먼저 깔아 주는 사람이 필요하다는 개그 구조를 의미한다. 카진성 님은 혼자서도 충분히 웃음을 만들어 낼 수 있는 사람이었지만 보조자가 더해진다면 그 효과는 배가되리라는 생각이 머릿속에서 떠나지 않았다. 매력적인 캐릭터가 살아나려면 누군가가 그걸 받아 주고 웃음을 정점으로 끌어 올려야 한다. 그러나 카진성 님은 혼자서 모든 것을 하다 보니 정상에 오르지 못한 채 샛길로 새는 듯한 느낌이 자꾸만 들었다.

이런저런 보완책을 고민한 후 나는 마음을 정했다. 카진성 님과 함께 자동차 시리즈의 연장선으로 '카푸어'+'튜닝'+'관종'으로 키워드를 잡은 추가 영상을 만들기로 한 것이다. 그러나 제작에 들어가기 전, 분석을 통해 드러난 약점을 보완하는 추가 작업이 필요했다.

카진성 님의 채널은 '튜닝'이 핵심 키워드인 듯했다. 자동차 자체 정보보다는 튜닝 관련 상품이나 튜닝 카 유저들의 심리에 중점을 두어 채널을 운영하고 있었다. 그래서 자동차 자체 정보가 부족한 느낌이 들고, 영상이 길어질수록 피로감이 늘어난다는 느낌을 받았다. 그래서 나는 중간중간 쉬어 가면서 '튜닝' 마니아와 자동차에 관심을 가진 일반인 모두가 알고 싶은 정보를 추가하는 쪽으로 영상 구성안을 잡았다. 그러면 영상이 길어져도 전혀 지루하지 않을 듯했다. 평소 같으면 내가 해야 할 일이지만, 자동차라는 전문 분야는 나도 취약해 관련 분야에 해박한 지식을 가진 중고차파괴자 님과 나 그리고 카진성 님이 모두 영상에 참여하기로 했다.

촬영 당일 두 사람은 내가 의도한 대로 자기 역량을 마음껏 발휘했다.

"이 차가 다른 차에 비해 이렇게 비싼 이유가 있나요?"라고 물으면 카진성 님은 차 엠블럼을 가리키며 신나게 분위기를 띄웠다.

"여기 보시면 백제 무령왕릉을 연상시키는 이 마크가 다른 차와 다르죠. 이것 때문에 차를 타자마자 귀가 엘프처럼 늘어납니다. 기분이 좋아져서요~. 이거면 끝난다는 거예요~!"

자동차 전문 지식이 필요한 질문에는 앵글이 중고차파괴자 님에게 돌아갔다.

"BM사 모델과 BE사 모델 중 어떤 차가 좋나요?"

내가 물으면 바로 대답이 돌아왔다.

"BM사 모델에는 옵션이 많고 BE사 모델에는 옵션이 거의 없다고 봐야 합니다."

영상(연봉 1억 받아도 포르쉐는 타기 힘든 이유)은 두 인물을 반복해 노출했다. 그리고 재미와 정보 모두를 완벽하게 전달할 수 있도록 편집했다. 예상대로 300만 명 이상이 이 영상을 시청했다. 시청 시간도 상당히 길었다.

나는 이제 시작된 둘의 케미가 충분히 무르익은 영상도 있으면 좋겠다 싶었다. 그에 따른 기획이 바로 K5가 과학인 이유라는 제목의 영상이었다. '튜닝 카'를 다룬 콘텐츠인데, 촬영에 들어가니 튜닝 동호회 사람의 차량답게 상상을 초월하는 차가 많았다.

우리는 다양한 모델, 다양한 방식으로 개조한 차량 수십 대를 줄지어 세워 놓고 하나씩 리뷰했다. 흥미를 계속 끌 수 있도록 우스갯소리와 차량 정보를 적절히 섞어 촬영했는데, 그날 역시 둘의 케미는 완벽했다.

두 영상의 조회 수 합은 500만을 훌쩍 넘겼으며 카진성 님과 중고차파괴자 님의 채널에 새롭게 유입된 구독자 수도 상당히 많았다. 이후 둘은 계속 협업을 진행했고 20~30편의 콘텐츠를 만들어 냈다. 그중에는 조회 수가 100만이 넘는 영상도 다수 있었다. 게다가 유튜브에서 중고차는 '중고차파괴자', 튜닝 카는 '카진성'이라는 캐릭터 공식이 만들어져 다른 대형 유튜브 채널에서도 섭외가 쇄도했다. 이는 또 다른 협업 확장으로 이어졌다. 협업이 더하기가 아니라 곱하기가 된 온전한 케이스였다.

TV 프로그램 '삼시세끼'에서 차승원과 유해진의 자연스럽고 편안한 조합이 화제가 된 적이 있다. 전혀 어울리지 않을 듯한 두 사람의 조합에서 의외의 '케미'가 폭발했다. 그들은 수많은 광고에 출연했고, 잘 어울리는 커플로 각인되었다.

조화로운 합은 콘텐츠 성공으로 이어지는 매우 중요한 요소이다. 중고차파괴자 님과 카진성 님의 케미를 알아보고 진행한 기획이 성공하자 나는 마치 내가 유명 프로그램 PD가 된 듯한 기분이 들기도 했다. 누군가를 인터뷰하는 기존 방식이 아니라 다른 두 캐릭터를 조합해 낸 일은 내게도 큰 실험이었다. 관점을 확장하는 게 크리에이터에게 얼마나 중요한지 일깨워 준 소중한 경험이 아닐 수 없다.

PLUS TIP   흐름을 제어하는 기술

'최상의 합'의 성공으로 재미를 느끼던 찰나 파손된 차량을 수출하는 박준규 님을 알게 되었다. 그분의 텐션도 카진성 님에 뒤지지 않았기에 중고차파괴자 님과 협업을 진행했다. 해당 영상 역시 조회 수 200만의 엄청난 성공을 거뒀다.

얼마 지나지 않아 카진성 채널에 박준규 님과 함께 만든 콘텐츠가 올라왔는데 그 영상은 그리 성공하지 못했다. 둘의 합이 맞지 않는다는 약점이 결과로 나타난 것이다.

소재가 신선하고 이전 결과가 좋다고 아무하고나 '케미'가 폭발하지는 않는다. 같은 유형의 합은 오히려 독이 될 수 있는 탓이다. '강약' 흐름이 있어야 하는데 '강강'만 있으니 자꾸만 어긋날 수밖에 없다.

물론 두 분도 해당 영상을 통해 그 점을 깨달았겠다고 생각한다. 그 정도 내공은 있는 분들이기 때문이다.

그를 만나면 대박이 난다

최근에 누군가에게 전해 들은 이야기이다.

중고차파괴자 님이 누군가에게 이런 질문을 받았다고 한다.

"직모 님은 어떤 사람이죠?"

중고차파괴자 님은 이렇게 대답했다.

"직모 님은 딱 일 만 하는 사람이에요."

이런 답밖에 나올 수 없는 게 당연하다. 중고차파괴자 님과 나는 '소울 메이트' 같은 관계인데도 여태껏 술자리를 가져 본 적이 없다. 특별히 의도하지는 않았는데 말이다.

사실, 나는 친구마다 그와 시간을 함께 보내는 방법이 다른 듯하다. 만나면 매번 술을 마시는 친구가 있는가 하면, 문제가 생길 때마다 가장 먼저 조언을 구하는 친구가 있다. 속 깊은 이야기를 할 수 있는 친구가 따로 있기도 하다. 이중 중고차파괴자 님은 마지막에 속한다. 깊은 속내를 드러내는 친구라고 할 수 있으니 말이다. 그러다 보니 그와는 술이라는 보조제 없이도 10시간 동안 대화만 할 수도 있다.

그래서 나는 여성 듀오 '다비치'를 볼 때면 꼭 우리 관계 같다는 생각을 자주 한다. 그들에게 17년간 불화 없이 그룹을 유지한 비결을 누군가가 물었을 때 그들은 이리 말했다.

"우리는 서로가 싫어하는 행동을 하지 않아요."

원하는 것은 없고 잘되었으면 하는 마음은 있는 것, 응원의 마음이 그런 게 아닐까 싶다.

첫 촬영을 한 뒤 기획이 좋았던 덕분인지, 중고차파괴자 님이 말을 너무 잘해서인지 알 수 없지만, 영상의 결과가 너무나 좋았다. 그날 찍은 6개 영상 모두 그랬다. 물론 '차'가 많은 젊은 남성이 좋아하는 주제임은 분명하지만 단지 그것만으로 수백만 건의 조회 수를 올리기는 힘들다. 그래서 명확한 이유를 알지 못한 채 그와 맺은 인연이 끝나는 듯했다. 중고차파괴자 님과 첫 촬영을 하고 다음 촬영을 할 때까지는 상당한 시간이 걸렸기 때문이다. 첫 영상 결과가 그렇게 좋았는데도 말이다.

그와 연락하지 않은 지 반년이 넘어가던 어느 날이었다. 문득 중고차파괴자 님에게서 밥을 먹자는 연락이 왔다. 나는 오랜만에 얼굴이나 볼 생각으로 수원으로 갔고, 그와 식사 후 중고차 단지를 돌다가 즉흥적으로 두 번째 촬영을 했다. 그리고 8부 작으로 나눠 업로드했는데 첫 영상보다 반응이 더 좋았다. 포털 사이트 실시간 검색에까지 '중고차파괴자'라는 키워드가 올라갔을 정도였다. 3번째 촬영한 영상도 유튜브 인기 급상승 동영상 30위 안에 3개나 들어갔다. 이후에 중고차 딜러라며 출연 요청을 한 사람은 상상을 초월할 정도로 많았지만, 중고차파괴자 님 정도로 파급력은 없으리라 여겼다.

두 번째 영상을 촬영한 날, 중고차파괴자 님은 대중교통을 이용하겠다는 나를 자기 차로 집에 데려다주었다. 그리고 우리는 집 앞에 차를 세워 놓고 3시간이나 이야기를 나눴다. 그럴 생각이 없었지만, 얘기를 나누다 보니 그의 인생이 나의 인생과 너무 닮아 있었다. 중고차파괴자 님도 같은 생각이었는지 이야기는 꼬리에 꼬리를 물고 이어졌다. 시간이 어떻게 갔는지 모를 정도였다.

사람마다 상대에게 매력을 느끼는 포인트는 다르겠지만 공감대는 우리가 가까워지는 데 큰 역할을 했다. 그 후, 우리는 더 자주 만났고 영상도 계속 만들었으며 서로가 문제에 부딪히면 언제든지 연락해서 조언을 구하는 사이로 발전했다. 점점 우리에게는 끈끈한 라포(Rapport, 두 사람 사이의 상호 신뢰 관계)가 형성되었으며, 그런 두 사람이 '차'라는 주제로 콘텐츠를 만드니 좋은 기분으로 촬영이 이루어졌다. 당연히 즐거운 기분이 영상을 보는 사람들에게 고스란히 전달되었던 듯하다. 흥미 있는 주제에 '브로맨스'라는 매력이 첨가된 셈이다. 그 덕분에 중고차파괴자 님과 지루할 수도 있을 만큼 많은 영상을 만들었는데도 편차 없이 고루 사랑받을 수 있었다.

최근에 나는 중고차파괴자 님에게 이런 질문을 던졌다.

"우리가 만든 컨텐츠가 왜 잘된 것 같아요?"

그는 잠시 생각해 보더니 이렇게 대답했다.

"흠, 저는 사실 늘 다른 사람에게 맞추는 유형이에요. 그런데 직모 님 영상에서 갑자기 전면에 나서게 되었잖아요? 당황스러웠지만, 막상 해보니 내가 말을 꽤 재미있게 하는 편이었더라고요. 하지만 말이에요. 사실 나는 내가 타고나게 말을 잘하는데 촬영을 계기로 숨어 있던 재능이 튀어나왔다고는 생각하지 않아요."

"네? 왜 그렇게 생각해요?"

"단순히 저 혼자 영상을 끌어갔다면 그런 결과가 안 나왔을 테니까. 당시 직모 님이 계속 차에 관해 물어봐 주었잖아요? 그럴 때마다 '중고차파괴자 님의 의견이 중요해!', '중고차파괴자 님은 잘 대답해 줄 거야.'라고 나를 지지하고 존중해 준다는 느낌이 들었어요. 그래서 부담감도 줄고 흥도 더 나지 않았나 싶어요. 조금이라도 더 정보를 풀어 주고 싶고."

기존 상황과 정반대 상황, 자기에게 맞춰 주는 사람이 있으니 더 신이 나서 정보를 재미있게 말할 수 있었다는 것이다. 이처럼 서로 존중하는 마음은 사람 사이의 거리를 좁혀 주고 좋은 기분으로 함께 일하게 하는 힘을 부여한다.

부동산 유튜버 러셀 님은 나를 '츤데레'라고 부른다. 도통 연락이 없던 내가 갑자기 전화로 "이분 소개해 줄게요. 둘이 뭔가를 함께 하면 잘될 것 같아요"라고 말하자 그런 마음이 들었다고 한다. '무심한 줄 알았는데 자기를 염두에 두는 사람이구나' 하는. 그리고 내가 소개해 준 사람도 정말 자기에게 필요한 사람이었다고 한다. 함부로 사람을 소개해 주는 것이 아님을 잘 아는 이라 나를 다시 보았다고 한다.

나는 사람을 사귀는 데 시간이 오래 걸리는 편이다. 업무적 아웃풋이 좋다고 바로 친구가 되지 않는다. 특별히 그런 기준이 있는 것이 아니라 오랜 시간에 걸쳐 나도 모르게 그런 방식이 생겼다.

반면, 한 번 깊게 인연을 맺은 사람은 오래도록 신뢰하고 그 관계를 이어 나간다. 물건을 살 때도 내 채널에 출연한 분을 우선시하는 편이다. 얼마 전 안경과 렌즈를 구매할 때도 멀리 인천까지 다녀왔다. 그것이 내가 사람을 대하는 방식이다.

출간 작업을 하면서 주변 사람들에게 우리가 왜 친해졌는지, 같이 만든 콘텐츠는 왜 잘되었냐는 질문을 많이 했다. 그리고 모든 관계에는 그럴 만한 사건이 있었고 그것이 좋은 관계로 흘러갔다. 관계가 깊어질수록 영상에도 자연스럽게 그 감정이 배어나 더 좋은 결과를 낸 듯하다.

몇 달 전 짝퉁 콘텐츠로 출연했던 한 사장님에게 전화가 왔다. 그분은 대뜸 "요즘 사는 게 별로 재미가 없나 봐요?"라고 했다. 개인적 문제가 동시다발로 터져 멘탈이 나갈 지경이었는데 한 사장님이 단번에 알아차린 것이다.

며칠에 걸쳐 다른 분들도 "요즘 무슨 일 있어?"라고 안부를 물었다. '일할 때는 절대로 티내지 말아야지' 하고 굳게 마음을 먹어도 내 기분이 전달될 수밖에 없다는 사실을 그때 절절하게 깨달았다.

감정은 내면에서 우러난다. 그 때문에 기분은 관리하기 매우 힘들다. 내가 진심으로 즐거워하고 재미있어해야 보는 사람들도 즐거워진다. 그게 당연한 일임을 다시 한번 느끼게 해 준 사건이었다.

좋은 관계를 맺은 사람과 내가 좋아하는 일을 할 때 기분은 자연스럽게 좋아진다.

처음부터 누군가를 섣불리 판단하는 일은 금물이다. 그러나 나와 결이 맞는 사람은 나도 모르게 자꾸 만나게 된다. 그래야 기분 좋은 티키타카가 만들어진다. 한 사람의 노력보다 두 사람의 노력이 훨씬 큰 아웃풋을 내는 게 당연하다.

PLUS TIP 결국은 사람이 해답이다

요즘은 사람 간 경계가 심한 시대인 듯하다. 특히나 새로운 사람을 만나고 관계를 맺는 데 상당한 주의를 기울인다. 삶이 팍팍해질수록 서로를 속이고 상처 주는 일이 많아 그런지도 모른다. 당하지 않기 위해, 상처받지 않기 위해 방어에 심혈을 기울인다.

크기와 깊이의 차이가 있을지 몰라도 얘기를 나눠 보면 상처받지 않고 배신당하지 않은 사람은 없다. 그래서 관계가 좁고 얕다. 하지만 사람이 기회라는 사실 또한 변하지 않는 진리이다. 그러니 애써 찾아다니지는 않더라도 그런 사람이 나타났을 때 알아볼 줄은 알아야 한다. 나와 정말 잘 맞는, 마치 소울 메이트 같은 사람을 만나는 일은 큰 축복이기 때문이다.

유튜브의 정석

관점을 반대로 디자인하라

2019년에 크게 논란이 되었던 사회 이슈는 '택시'와 '타다'라는 자동차 공유 서비스 간 분쟁이었다. 대기업 카카오 계열사에서 자동차를 빌리면 운전기사까지 함께 따라오는 서비스라고 만든 '타다'는 고객에게는 편리하고 합리적인 서비스였지만 택시를 생업으로 하는 기사님에게는 생존을 위협하는 새로운 경쟁자 등장이었다.

그 문제를 대하는 택시 기사의 견해가 궁금하기도 했고 직업적 관점에서도 궁금한 데가 있으니 택시 기사 콘텐츠를 만들어야겠다고 결심했다. 그래서 먼저 연락을 주신 분들에게 접촉해 보앉지만 만나서 얘기를 나누고 싶다는 생각을 들게 하는 분이 유감스럽게도 없었다. 혹시 유튜버로 활동하는 택시 기사님이 있나 싶어 검색해 보니 특이하게 생긴 분이 유튜브 라이브 방송을 하고 있었다.

방송에 참여해 그분을 관찰하니 특이한 외모와 달리 말솜씨가 좋아서 흡입력이 있었다. 나는 채팅창에 내가 누구인지 밝힌 뒤 만나고자 하는 의도를 설명했다. 그러자 기사님은 언제든지 찾아오라며 연락처를 남겨 주었다.

며칠 후 그분을 만난 나는 택시 앞자리에 손님처럼 앉아 카메라를 세팅하고 촬영을 진행했다. 준비한 질문지를 보며 어떤 분이 택시 기사를 하는지, 근무 시간과 수입은 어떤지, 택시 기사를 하려면 어떤 단계를 밟아야 하는지 등 기본 질문을 이어 갔다. '택시'와 '타다' 분쟁 문제도 질문했다. 기사님은 '타다'가 가진 장점과 고객이 피해를 볼 수 있는 부분까지 자세히 알고 있었고, 현 상황을 이해하기 쉽게 설명해 주었다.

몇 가지 질문과 답변이 오간 뒤 나는 기사님이 보통 분이 아니라는 사실을 직감했다. 우선, 나를 쳐다보지 않고 전면에 있는 카메라를 응시하며 대답했다. 그리고 대답이 상당히 논리적이고 재미있었다. 보통 인터뷰이는 질문을 받으면 긴장해서 나를 보고 대답하기 마련이다. 그런데 기사님은 시청자를 향해 대답했다.

당당함이 묻어났고 이미 그런 일에 익숙한 듯 프로의 향기가 났다. 알고 보니 유튜브를 운영하기 전에도 언론 인터뷰를 많이 하셨다고 한다.

촬영을 시작할 때만 해도 택시에 관한 정보, 사회적 이슈까지, 처음 알고 싶었던 질문과 답변이 끝나면 특별히 더 나눌 이야기가 없으리라 여겼다. 그런데 새로운 주제가 계속 연결되어 대화가 끝이 나지 않았다. 나는 어느새 질문지에서 눈을 떼고 기사님 이야기에 완전히 빠져들었다. '세상 돌아가는 것을 알고 싶다면 택시 기사를 해보면 된다'라는 말이 왜 생겼는지도 확실하게 알게 되었을 정도였다. 기사님은 정치, 경제, 사회, 남녀 관계 등, 세상에 일어나는 모든 문제를 아우르는 정보와 자기 철학을 가지고 있었다.

선거철이 되면 어째서 정치인들이 민생을 챙긴다며 택시 기사 체험 활동을 하며, 그것을 홍보에 이용하는지 알게 되었다. 전국에 택시 기사는 25만 명에 달하고 그들이 하루에 10명만 태운다고 해도 250만 명이다. 전 인구 5%에 해당하는 사람들을 단 하루만에 만나는 셈이다. 택시 기사는 사람을 안전하게 이동시키는 운송업자이자 바이럴 마케터이기에 선거 홍보에 이용하는 것이다.

승차 거부, 우회 운행, 전과자 등 택시 기사와 관련한 좋지 않은 인식도 내화 주제가 되었다. 기사님은 승차 거부를 할 수밖에 이유도 이해할 수 있게 밝혀 주었다. 기사님이 만나는 인간 군상도 정말 다양했다. 요금을 내지 않고 달아나는 사람, 연애와 인생 상담을 하는 사람, 불륜 관계 등 다양한 사연을 지닌 사람들이 택시에 타고 내렸다. 일반인이라면 평생에 한 번 만날까 말까 한 사람 유형을 수도 없이 만난다고 했다. 기사와 손님은 다시는 보지 않을 일회성 만남이기에 평소에 감추고 있는 모습을 그대로 보여 준다는 말씀도 했다.

질문 하나에 열 개 답변이 우르르 쏟아질 정도로 기사님은 대화를 주도했다. 마치 '말만 하면 뭐든 나오는 도라에몽 주머니' 같았다. 이것저것 더 물어보고 싶은 마음이 계속 들었다. 그분이 어떻게 답할지 너무나 궁금했다.

그렇게 우리는 약 2시간에 걸쳐 촬영했다. 돌아와 영상을 편집하다 보니 영상 6개를 만들 수 있는 양이었다. 해당 영상은 기사님 입담 덕분이었는지 큰 사랑을 받았다. 콘텐츠 제작자가 따지는 가성비로도 그는 최고의 게스트였다.

영상 반응도 반응이지만, 나는 당시 반응보다 더 소중한 것을 얻었다. 그때까지 가지고 있던 내 생각이 완전히 전환되었으니 말이다.

당시 나는 무조건 열심히 사람들을 만나고 더 많은 직업을 인터뷰해야 한다고 여겼다. 즉 양으로 승부를 걸어야 한다는 생각이 강했다. 그러나 기사님과 한 촬영으로 그 생각이 틀렸음을 깨달았다. 유튜브를 시작한 지 몇 달 되지 않았을 때인데 기사님을 만난 후에 제작한 캐디, 스님, 트레일러 기사 콘텐츠가 연속 히트하며 채널 인지도도 급상승했다.

질문자가 최소한으로 개입해도 엄청난 효과를 낼 수 있다는 것을 알게 되었고, 그것이 당시에 만들어 내던 콘텐츠에 영향을 미쳤기에 거둔 성과였다.

화자의 중요성이 내게 알려 준 바는 다음과 같다.

재미도 재미이지만 사람들은 직업 그 자체보다 일하면서 겪는 다양한 상황들, 즉 '썰'에 흥미를 더 느낀다는 점이었다.

자기가 어떤 일을 하고자 결심하면 그 일을 하기 위한 준비 및 기본 스킬과 관련한 정보를 습득한다. 그러나 직업 현장에서 일어날 일을 잘 알기란 쉽지 않다. 알고 싶어도 해당 직업을 가진 사람이 주변에 있을 가능성도 작다. 우리나라는 안 좋은 상황을 겪더라도 꿋꿋하게 이겨 내야 한다는 정서가 있기에 알려 주는 사람도 극히 드물다.

사람들이 소위 '썰'에 더 열광하는 이유가 거기 있었다. 기사님과 한 인터뷰가 내가 알려 준 가장 중요한 점이 바로 그것이었다.

시청자 반응이 너무나 열광적이라, 나는 기사님과 인터뷰를 더

하고 싶었다. 그러나 기사님은 이 정도면 충분하다며 박수를 받을 때 떠나는 것이 맞는다며 한사코 거절했다. 그런데 몇 달 후 기사님이 내 라이브 방송에 들어와 실시간 채팅에 참여했다. 그러자 다른 참여자들이 그분을 알아보았고, 다시 인터뷰해 달라고 요청했다.

그 결과, 우리는 자연스럽게 추가 영상을 제작했다. 기사님은 평소에 누군가의 방송에 들어오지 않는데 「직업의 모든 것」 채널 성장을 지켜보다가 응원 메시지를 보내려고 들어오셨다고 한다. 서로에게 좋은 감정이 남았기에 일어난 일이 아닐까 한다.

나는 구독자와 조회 수가 동반해서 크게 상승하는 첫 번째 모멘텀을 경험하게 해 준 택시 기사님께 감사하다는 말을 만날 때마다 하고 있다. 기사님 덕분에 제가 이렇게 잘 성장할 수 있었다고 말이다.

우리는 평소에도 자주 만나 한강 산책을 하거나 차를 마신다. 명절이나 특별한 날에는 잊지 않고 문자나 전화로 감사 인사를 하고 있다. 단순하게 기사님과 만든 영상이 주목받아서 감사하는 게 아니다. 고정된 내 관점을 전환하게 해 주었기에 나는 그분께 진심으로 감사하고 있다.

전지적 관찰자 시점
_'독거 노총각' & '탈모 노총각'

스타 한 지는 얼마나 되셨어요?

진심으로 다루고 싶은 주제지만, 소위 '각'을 잡기 힘든 주제가 있다. 시리즈로 두 명을 취재한 '노총각'이라는 주제가 그랬다. 결혼이라는 주제는 남녀 모두에게 매우 중요한 문제이자 사건이다. 그런데 'N포 세대'라는 말이 몇 년 동안이나 유행하고 있는 세태를 보면 결혼이라는 중대사를 포기하는 사람이 점점 더 늘어나고 있다는 안타까운 사실을 짐작할 수 있다.

'노총각' 키워드는 「직업의 모든 것」 채널에서 다루는 '연애와 결혼'에 연관한 콘텐츠로 볼 수 있다. 게다가 출연 의사를 전한 노총각분도 많았다. 콘텐츠로 만들고 싶었지만 어떻게 만들어야 할지 답을 찾지 못해 계속 미루었다. 자칫 잘못했다가는 출연자가 욕을, 먹을 듯했고 결혼 못 하거나 안 하는 사회적 현상을 무겁지 않으면서 재미있게 만들어 내기도 쉽지 않을 듯했다.

그런 생각을 오랫동안 하던 중에 은평구에 사는 어떤 분에게 출연 희망 메일을 받았다. 나는 메일 내용 중에 백수에 노총각이라는 그의 신상에 관심이 갔다. 그래서 전화로 대화를 해본 뒤, 그동안 미뤄 왔던 '노총각 콘텐츠'를 이분과 만들면 되겠다는 결론을 냈다. 그 이유는 그분의 목소리에 '노총각'이라는 단어가 주는 불편한 분위기가 없어서였다. 밝고 맑았으며 자기 삶에 크게 불만이 없는 듯 느껴졌다.

촬영 약속을 잡은 후부터 나는 아직 완벽하게 풀지 못한 방향성을 깊이 고민했다. 그러다 결혼하지 못한 사람들에게는 무언가 문제가 있다고 여기는 세간의 선입견에 주목했다. 일부러 비혼을 선택한 사람도 많은데 아직도 선입견을 품은 사람이 많다는 데 문제의식도 느꼈다. 게다가 그들의 일상을 자세히 들여다본 사람이 지극히 드문데도 사회 통념으로 자리 잡은 고정 관념에 무의식적으로 동조하고 있다는 점도 달리 생각해 볼 필요가 있었다.

나는 우선 노총각과 비혼주의의 경계를 나누지 않고 '여자 없는 40대 남자의 삶'을 있는 그대로 보여 주기로 했다. 눈으로 그들의 삶을 직접 관찰한 뒤 각자 기준으로 결혼하는 편이 좋은지, 아니면 혼자 사는 편이 좋은지 선택할 수 있도록. 그러기 위해 판단은 영상을 보는 시청자 몫으로 던지고, 내 개입은 최소화하기로 했다. 필요 이상으로 등장해 나도 모르게 내 생각을 시청자에게 전한다면 시청자가 객관적 판단을 내리는 데 방해가 되리라 여겼다. 카메라 뒤에 숨어 관찰자 시점으로 촬영하는 것이 내가 해야 할 일이라는 결론을 내렸고, 그것이 몰입도를 높이는 데 효과적일 듯했다. 촬영하기 전, 나는 그분에게 딱 두 가지를 요청했다.

첫 번째, 내 질문에 정말로 솔직하게 대답해 줄 것.

두 번째, 촬영한다고 집을 청소하거나 빨래하거나 하는 인위적인 모습으로 현실을 포장하지 말 것. 만약에 밀린 설거지가 있다면 일부러 하지 말고 그대로 두고, 내가 가더라도 원래 그 시간에 하던 일을 그대로 하고 있으라고 했다.

첫 촬영을 하는 날 집에 가 보니 '탈모 노총각' 님(이후에 생긴 별명)은 컴퓨터로 게임을 하고 있었다. 평일이라 남들은 출근해 회사에서 일할 시간인데 여유롭게 게임을 하는 모습부터 그대로 카메라에 담았다. 게임을 끝낸 뒤에는 집 안을 함께 둘러보며 탈모 노총각 님이 사는 공간을 담았다. 주방이나 거실, 옷방이 너무 깔끔하게 정돈되어 있었다. 노총각의 집은 퀴퀴하고 지저분하리라는 예상과 전혀 다르게 탈모 노총각 님은 자기 공간과 삶을 나름대로 잘 꾸려 나가고 있었다. 노총각이라는 단어에 연상되는 우울한 분위기가 선혀 없었다. 애니메이션에 나오는 여자 캐릭터 피규어를 수집하고 프라모델을 조립하는 취미 생활도 보여 주었다. 직접 요리하며 끼니도 잘 챙기고 있었다.

가장 중요한 생계유지를 어떻게 하는지 물어보자, 자기는 조직에 소속되기보다 자유로움을 좋아하고 일로 스트레스를 받기 싫다고 했다. 그래서 배달 아르바이트처럼 최소한의 노동만 하며 지낸다고 했다. 그늘진 분위기가 없는 건 공간만이 아니었다. 그분의 표정에도 어두운 기색이 전혀 없었다. 남들 시선과 상관없이 자기 삶에 만족하며 살고 있다는 말이 진심으로 다가왔다. 그런 마인드를 가지고 있다 보니 내가 하는 질문에 한 치의 망설임 없이 대답하는 듯했다. 어쩌면 숨기고 싶은 문제일 수 있는 질문에도 자기를 있는 그대로 내보여 주었다. 그분의 말은 논리적이고 재미있었으며 현재 자신과 관련해 객관화도 잘되어 있었다. 사람을 가식 없이 진솔하게 대하는 모습을 보고 있자니 대상을 잘 선택했다는 생각이 들었다.

사실 이 영상을 기획한 의도는 '결혼 안 해도 이렇게 잘 삽니다'가 아니었다. 직접 만나기 전에는 탈모 노총각 님의 정보가 거의 없었고 전화 한 통 한 게 전부였다. 당연히 그는 내게도 생소한 형태의 노총각이었다. 그는 혼자 사는 40대 남자가 가장 힘들어하는 부분도 가감 없이 토로했다. 바로 외로움이었다. 생활에는 문제가 없는 듯했지만, 정서적으로 이성을 향한 갈증이 깊어 보였다. 그 덕분에 '여자 없는 남자의 삶'을 그대로 보여 주기로 한 처음 기획대로 촬영은 잘 마무리되었다.

영상이 업로드되자, 시청자 반응도 내가 현장에서 느낀 바와 유사했다. 개입을 최소화했지만, 보는 눈은 거의 비슷한지 깔끔하고 겸손하며 남에게 피해 주지 않고 자기가 좋아하는 일을 하며 사는 행복한 사람인 것 같다는 반응이 대부분이었다.

탈모 노총각 님 이전에 유튜브에서 유명한 노총각이 한 분 더 있었다. 밀양에 사는 '독거 노총각' 님이다. 그분은 스스로 '여자 없는 삶'을 그대로 보여주며 인기를 끌었다. 그분을 인지는 하고 있었지만, 유튜브에 누출된 영상이 워낙 많아 그분을 촬영하고 싶은 생각은 전혀 없었다. 다른 채널과 협업도 많이 했는데, 나까지 같은 얘기를 늘어놓을 필요가 없다고 여겼기 때문이다. 촬영하러 가 봐야 특별한 무언가를 찾아내기도 힘들 듯했다.

그러나 '직모'의 관점으로 그분을 취재한 영상을 보고 싶다는 요청이 많아서 해보기로 마음을 바꾸었다. 정작 그분과 촬영하기로 협의까지 했는데 이번에도 고민이 이만저만이 아니었다. 독거 노총각 님의 채널을 보니 같은 노총각인데도 탈모 노총각 님과 너무 다른 캐릭터였다. 재미는 둘째 치고 조금은 우울했으며 자기를 드러내는 데 자체 편집을 하는 것이 느껴졌다. 그래서 '인간

극장'처럼 촬영 대상과 거리를 두는 일이 더 필요해 보였다.

우선 그분의 공간과 행위를 더 디테일하게 촬영하기로 했다. 그분의 집에 가서 그분을 직접 만나 보니 탈모 노총각 님과 목소리 톤부터 차이가 났다. 생활상도 매우 달랐다. 그래서 계획대로 벗겨진 천장 페인트, 고장 난 전등 스위치 등을 가까이 보여주었다. 그리고 그분의 낮은 목소리 톤에 맞춰 최대한 담담하고 담백하게 촬영 각도를 맞추었다.

싱크대에 밀린 설거지가 담긴 모습도, 접시를 물로만 헹구고 휴지로 대충 닦는 행동도 보여주었다. 건강을 유지하고자 하는 최소한의 노력으로 맨손 체조를 하는 모습도 담았다. 마지막으로는 '현재 상황을 받아들이고 가진 것에 감사해야 한다'라는 독거 노총각 님만의 마인드를 영상에 실었다. 끝까지 '관찰자 시점'이라는 의도를 철저하게 유지하며 촬영을 끝낸 것이다.

독거 노총각 님 영상으로 받은 평가는 다음과 같다.

'다큐멘터리인지 예능인지 알 수 없는 오묘한 프로그램.'
'PD의 재능이 엿보이는 영상.'
'평범한 주제도 맛깔스럽게 만들어 낸다.'

이 모든 것이 관점을 조금 바꾸었더니 일어난 일이다. 기획이 힘들 때는 각도를 바꿔 보는 것이 좋다. 앞과 뒤, 옆만이 아니라 위와 아래에서도 볼 줄 알아야 한다. 그래야 평범한 소재도 특별하게 변한다.

PLUS TIP 상대의 마음을 열고 싶다면 내 마음부터 열어 보자

탈모 노총각 님은 자기 환경에 불만이 적고 행복하다고 생각하는 사람이다. 그래서 자기를 가감 없이 드러내었기에 인터뷰를 진행하면서 힘든 점이 전혀 없었다. 그러나 독거 노총각 님은 조심스러운 성격이었다. 마치 무언가를 꽁꽁 싸매고 있는 느낌이라 촬영 시간이 길어져도 무언가가 나오지 않았다.

결국 나는 카메라를 끄고 그분과 대화를 나눴다. 그분은 사람에게 받은 상처로 사람을 대하는 데 두려움이 있다고 고백했다. 이에 나는 내 상처와 아픔을 먼저 드러내며 속 깊은 이야기를 나누었다. 그렇게 대화를 좀 나누자, 독거 노총각 님의 마음이 한결 편해졌다는 게 느껴졌다. 덕분에 나머지 촬영을 원활하게 진행할 수 있었다.

사람에게는 다른 사람과 같은 행동을 할 때 안심하는 동조화 심리가 있다고 한다. 솔직한 사람에게 솔직해지고 음흉한 사람에게는 나도 무언가를 숨긴다. 그리고 그게 자연스러운 행위라고 한다.

만약 누군가에게 무언가를 얻고 싶다면 심리적 동조화를 이용하는 것도 좋은 방법이 될 수 있음을 참고하기를 바란다.

기획이 힘들 때는 각도를 바꿔 보는 것이 좋다. 앞과 뒤, 옆만이 아니라 위와 아래에서도 볼 줄 알아야 한다. 그래야 평범한 소재도 특별하게 변한다.

PART 2

2

MY
LIFE
UNIVER

MY LIFE
UNIVERSE

실제 삶에서도
유니버스가
필요한 이유

———

　유니버스는 인터넷이나 가상 현실에서만 필요한 것이 아니다. 단어가 주는 뉘앙스 때문에 유튜버나 게임 스트리머, 영화 기획자, 웹 소설가처럼 인터넷 세상에서 활동하는 사람에게만 필요한 듯할 뿐, 누구나 인생이라는 리얼리티에 '유니버스'가 필요하다. 더 쉽게 설명하자면 '말솜씨가 좋은 사람, 포용력이 넓은 사람, 신뢰를 중요하게 여기는 사람' 등등 주변에서 나를 바라보는 평판이 나의 캐릭터라고 보면 된다.

　평판은 개인의 오래된 경험과 시간이 쌓은 결과물이다. 그 때문에 성격과 취향으로 발현되고 삶의 목표와 의지는 캐릭터의 서사에 변화를 불러온다. 그러니 자기가 가진 성격이나 의지가 장점으로 작용한다면 캡틴 아메리카의 방패나 아이언맨의 슈트 같은 필살기가 될 수 있다.

　우리는 그런 캐릭터로 현실에서 누군가와 관계를 맺고 도움을

　　　　　　　　　　　　　　　　　　　　　유튜브의 정석

주고받으며 친분을 유지해 나간다. 유사한 목표를 가진 캐릭터들이 이합집산하며 개인의 삶에서도 작은 성취를 느끼고 더 큰 프로젝트에 함께 참여해 공동 목표를 이룬다. 이것이 바로 인생의 유니버스다.

마음의 결이 같고 지향하는 바가 같다면 누구든지 유니버스 일원이 될 수 있다. 이것은 영화와 게임에 흐르는 유니버스 이론과 현실이 전혀 다르지 않다는 것을 말해 준다. 온라인이든 오프라인이든 유니버스가 필요하지 않은 곳은 없다. 인생이라는 외로운 싸움에 혼자서도 이겨 내야 하지만 언제든지 사심 없는 도움을 줄 수 있는 사람들이 생긴다면 더할 나위 없다. 더 빠르고 수월하게 목표를 달성할 수 있으니 말이다.

개인의 삶에 국한해서 유니버스 이론을 대입하는 것도 가능하다. 한 인간에게 깔린 경험, 정보, 깨달음은 생각이라는 융합 과정을 통해 서로 관계하며 편집된다. 그리고 제대로 된 판단, 새로운 아이디어라는 아웃풋으로 현실화한다. 하나의 생각이 다른 생각과 연결되어 새로운 생각이 되는 것이다. 특정한 문제로 다른 사람에게 조언을 얻거나 책과 강연으로 타인의 생각을 공유하면 그들이 가진 경험과 정보에 연결될 수 있다.

유니버스에 등장하는 캐릭터를 사람으로 한정하지 말자.

가치관이나 생각으로 간주해서 바라보면 그것 또한 하나의 작은 우주가 된다.

어떤 삶을 살겠다는 방향을 잡고 그것을 행동으로 옮기는 과정
이 바로 '세계관'이다.

유튜브의 정석

Chapter

헛발질과 조회 수 부진이
실패를 의미하지는 않는
이유

실수가 가져다주는 가치

내 직업이 유튜버임에도 나는 유튜브 월드에 항상 놀라움을 금치 못한다. 낡은 동전만 닦는 채널(오닦) 구독자가 10만 명이 넘고, 벌을 키우는 양봉업 채널(프웅) 구독자가 100만 명이 넘는다.

스마트폰 하나로 은행 업무와 시장 보기를 다 할 수 있는 시대에 원초적이고 오프라인 적인 감성을 지닌 채널이 많은 사랑을 받는 상황이 그저 신기하다.

그중 프웅 채널은 나와 특별한 인연이 있다. 30대 양봉업자라는 직업에 매력을 느껴 인터뷰를 요청한 적이 있어서이다. 나는 프웅 님에게 취재 동의를 얻은 뒤 경북 안동으로 이동했고 도착하자마자 프응 님이 알려 주는 대로 벌을 촬영했다. 그런데 벌이 자꾸만 카메라로 달려들어 촬영이 쉽지 않았다. 벌이 카메라 마이크를 감싸고 있던 털로 된 윈드 실드에 민감하게 반응해서였다.

'대체 왜 벌이 꿀도 아닌 털에 달려들지?'

내 의문은 프응 님이 곧 풀어 주었다. 곰은 꿀을 좋아해서 자주 벌통을 노리기에 벌의 DNA에는 곰을 향한 공격적 성향이 있다는 것이다. 알고 보니 우리가 아는 곰돌이 푸의 이야기는 동화적 상상이 아닌 실제 생태계에서 일어나는 일이었다. 결국 나는 윈드 실드를 벗기고 촬영을 이어 갔다. 그렇게 근처 숙소에서 1박 2일을 지내며 촬영한 뒤 서울 작업실로 돌아왔는데, 예상치 못한 문제가 있었다. 양봉 정보, 벌의 속성 등을 프응 님과 한참 이야기했는데 벌의 날갯짓 소리가 너무 커서 프응 님 목소리가 하나도 들리지 않았다. 윈드 실드를 벗겼을 때 생기는 부작용을 전혀 알지 못했던 탓이다.

나는 프응 님께 전화로 사정 설명을 한 뒤 해당 영상을 파기할 수밖에 없었다. 사실 그 영상을 촬영하려고 내가 기다린 시간은 1년이었다. 처음 프응 님께 인터뷰를 요청한 그해에는 비가 너무 많이 온 탓에 아카시아꽃이 많이 피지 않았다. 당연히 꿀 작황이 좋지 못해 촬영을 미뤘다. '자연 생태와 기후에 민감한 꿀벌이 촬영을 허락해 주지 않는 것인가?' 하는 마음으로 다음을 기약할 수밖에 없었다. 오랜 기간을 기다렸음에도 실패한, 참 아쉬운 경험이었다.

아쉬운 영상은 이뿐만이 아니다. 청담동 택배 기사님 이전에 다른 택배 기사님을 촬영한 적이 있었다. 인천 지역에서 배송하는 분이었다. 장마가 한창이던 시기에 촬영했는데 그날은 소나기가 엄청나게 내렸다. 화물칸에서 아파트 입구까지 상자를 들고 가는 짧은 시간에도 기사님의 옷이 흠뻑 젖었다.

상자를 젖지 않게 하려고 기사님이 몸으로 감싸고 뛰었음에도 상자가 녹을 정도로 비가 많이 내렸다. 천둥 번개도 아주 적절하게 내리쳐 분위기는 더 완벽했다. 우리가 집에서 스마트폰 버튼을 몇 번, 키보드 서너 번 두드리면 집 앞까지 오는 택배에 기사님들의 이런 노고가 담겼다는 사실을 보여 주려는 내 의도에 완벽하게 들어맞는 영상이었다. 그러나 집으로 돌아와 촬영분을 확인해 보니 음성 녹음이 하나도 되어 있지 않았다.

아쉬운 마음에 며칠 후 재촬영했지만, 그날은 날씨가 너무 좋았다. 택배 배송 과정이 너무 쉽게만 느껴진 나는 중간에 촬영을 그만두었다. 결국, 주제를 바꿔 촬영할 수밖에 없었다.

자기 작품이라도 똑같은 작품을 그리기란 화가에게는 거의 불가능에 가깝다고 한다. 그림을 그릴 때 심리상태, 그림을 그리던

공산의 분위기, 아침에 있었던 가까운 사람과 생긴 트러블 같은 작은 요인들이 그림의 느낌에 영향을 주는 탓이다.

영상도 마찬가지이다. 물론 스튜디오에 앉아서 하는 촬영이야 큰 차이가 없겠지만 꿀벌 촬영이나 택배 촬영처럼 현장에서 진행되는 영상은 내가 구상한 계획과 큰 차이가 생길 수 있다.

내 잘못으로 만족스러웠던 영상 두 개를 무용지물로 만들어 버렸지만, 이것이 무의미한 실수로만 남지는 않았다. 이런 실수를 거름 삼아 촬영 전에 준비를 더 철저히 하는 습관을 들였으니 말이다. 중간중간 촬영 장비 상태를 점검하는 데도 더 철저해졌다.

잘못된 경험도 값지다. 그 덕분에 내가 조금씩 나아져 가니 말이다.

죽음이 내게 가르쳐 준 것들
_ 장례 지도사

● ▶

시간이 되면 모두 죽음에 이른다. 어떤 인간도 피해 갈 수 없다. 그런데도 누구나 외면하고 피하고 싶은 문제가 또 죽음이다.

할아버지가 돌아가셨을 적에, 장례를 치르면서 친척들은 왜인지 모르겠지만 그 과정을 카메라로 담으라고 했다. 이것도 좋은 기록물이 되지 않겠냐고 말이다. 며칠에 걸쳐 고인을 보내는 일을 전부 담지는 않았지만, 죽음이란 개념을 깊게 고찰해 보는 계기가 되었다. 그 기억 때문인지 장례 지도사라는 직업을 꼭 다뤄 보겠다고 생각한 듯하다. 그리고 그걸 해내는 데 꼬박 2년이라는 시간이 걸렸다. 마음을 먹은 지는 오래되었으나 마땅한 사람도 없었거니와 쉽게 드러내기 힘든 직업이라 촬영 기회가 오지 않아서였다.

그러던 어느 날, 부산에서 20대 중반 장례 지도사라는 분의 연락을 받았다. 그제야 영상을 만들 때가 된 듯해 바로 내려갔다. 구독자분들이 좋아할 주제라는 확신이 강하게 들지는 않았다. 그러나 인간이면 피해 갈 수 없는 문제였기에 반드시 다뤄 보고 싶었다.

장례 절차를 전부 보여 주기보다 우리가 죽으면 어떤 과정을 겪게 되는지 보여주는 것을 우선순위로 잡았다. 그래서 유가족들도 잘 보지 못하는 염습과정(시신을 깨끗이 씻겨 수의를 입힌 뒤 염포로 묶는 것)을 현실감 있게 보여주려고 고인 역할을 하기로 했다. 그리고 차가운 철제 침대에 몸을 올렸다. 장례 지도사분들은 과정 설명을 곁들이며 내게 수의를 입혔는데 막상 염포가 몸을 조이자, 두려움이 엄습했다. 더는 못할 것 같다며 풀어 달라고 할 수밖에 없었다. 시신이 되는 간접 체험을 해보니 죽음이 너무 가깝게 느껴졌던 듯하다.

큰 공포를 한 번 겪은 후 나는 장례 지도사분들에게 물어보았다. 아무리 일이라도 죽은 사람의 몸을 닦고 입관하는 일이 꺼림칙하거나 무섭지 않냐고. 아니나 다를까 처음에는 일하다가 토하기도 했고, 일을 끝내고 집에 가면 귀신이 보이기도 했다고 한다.

일하러 왔다가 고인을 보자마자 뛰쳐나가 연락이 안 되는 사람도 있다고 한다.

그러나 출연자인 장례 지도사분은 이제 익숙해져 괜찮다고 했다. 매일 시신을 처리해야 하는 직업을 가진 사람이라고 믿기지 않을 정도로 담담한 표정이었다. 생계를 해결해 주는 직업이니 당연할 수도 있지만, 그 또한 내게는 잊히지 않을 정도로 생생한 기억으로 남았다. 죽음이 자신에게도 언제든지 닥칠 수 있다는 사실을 인지하며 사는 느낌이었다.

흔히 책이나 영화를 보면 죽을 뻔한 위기를 넘긴 사람은 크게 변하곤 한다. 그게 어떤 방식이든 이전 삶과 크게 다른 양상을 보인다. 장례 지도사분은 살아 있는 사람에게 수의를 입혀 본 것은 처음이라고 했다. "죽은 사람들이 입는 옷을 입었기에 해수 씨는 한 번 죽다 살아난 것과 같아요. 그러니 오래 살겠네요."라고 농을 던졌다.

염습 체험이 꽤 큰 충격으로 다가왔던지 촬영 당일 나는 한숨도 자지 못했다. 그리고 '앞으로 어떤 삶을 살아야 할까?' 하는 질문을 자신에게 계속 던지는 나를 발견하곤 했다. 하루하루 숨 쉬며 살아가는 평범한 일상이 얼마나 소중한지도 새삼 깨달았다.

촬영 이후 엄청난 삶의 변화를 겪지는 않지만, 나는 '재미'라는 것에 삶의 포커스를 두기로 했다. 재미있게 하루를 보내려 노력하고, 누군가에게 재미를 줄 수 있는 사람으로 사는 것이 내가 원하는 삶이라는 결론에 도달하게 된 셈이다.

그 후로 내 하루의 값어치는 이전과 완전히 달라졌다.

PLUS TIP 놓지 않는다면 언젠가는 이룰 수 있다

죽음에 가까이 다가간 일은 내게 감사와 재미라는 목적을 매일 가져다주었다. 그리고 콘텐츠 하나를 만들어 내는 시간 개념도 다르게 해주었다. 영상(유튜브 최초 염습부터 매장까지 장례의 모든 과정)은 염습 체험에 중점을 두었지만, 할아버지 장례식 영상이 전체적 분위기를 아우르는 데 큰 역할을 해주었다.

관을 장지로 옮기는 운구와 땅에 묻는 하관, 산소를 만드는 본봉 과정, 유가족들의 감정이 담겨 있는 곡소리가 중간에 삽입되어 절차로만 받아들이게 하지 않고 감정을 건드려 준 것이다. 그때 친척분들이 촬영하라고 하지 않았다면 아마 이 콘텐츠는 완성되지 못했을 것이다. 죽음과 장례는 한국인의 정서에서 동의를 얻기 너무도 힘든 주제이기 때문이다.

오랜 시간이 걸리더라도 생각의 끈을 놓지 않는다면 언젠가는 다루고 싶은 이야기를 반드시 완성할 수 있다.

놓치거나 실패하거나
_원양 어선, 도시 광산

● ▶

완벽한 삶도, 완벽한 인간도 없는 게 세상사인 듯하다. 새로운 기획으로 새로운 트렌드를 만들고 새로운 인물을 발굴했다고 자부할 때도 있지만 조금만 긴장을 늦추면 실패는 언제든지 찾아온다.

2년 전쯤 컴퓨터와 통신 장비에서 금을 캐는 특이한 직업을 가지고 있다며 연락해 온 분이 있었다. 금이라고 하면 어두컴컴한 광산과 숯검정을 가득 묻힌 광부의 얼굴만 떠오르는데 컴퓨터에서 금을 캔다니 도통 이해가 가지 않았다. 우선 전화로 설명을 들었는데 출연 희망자분은 컴퓨터와 통신 장비에 들어 있는 반도체 부품에서 금, 은, 동 등 주요 5대 금속을 추출하는 '도시 광산업'을 알려 주고 싶다고 했다. 그러나 설명을 들었는데도 제대로 이해가 가지 않았다. 흥미 역시 일지 않았다. 결국 나는 촬영을 진행하지 않았다.

얼마 지나지 않아서 그분은 나와 비슷한 다른 채널에 출연했고 해당 영상이 올라왔다. 그 영상을 보고 나서야 도시 광산이 어떤 것인지 이해할 수 있었다. 반응도 상당히 괜찮은 편이었다. 그 일을 계기로 좋은 소재를 놓친 나에게 약간 실망감을 가지게 되었다.

거기서 끝이 아니었다. 일주일도 채 지나지 않아 연달아 깊은 실망을 하는 일이 또 생겼다. 내가 거절한 분의 영상이 대박 나버린 것이다. 그것도 또 나와 비슷한 그 다른 채널에서 말이다. 한 달 전, 참치를 잡는 원양 어선 항해사로 근무하고 있다며 출연을 요청한 분이 있었다. 항해사라는 직업이 참 매력적이라 계신 곳을 여쭈어보니 전남 완도라고 했다. 거리가 너무 멀어서 선뜻 결정하지 못하고 있다가 정중하게 거절 메일을 보냈다.

당시 나는 교통비, 숙박비, 시간 등을 고려해 효율성을 높이는 데 무게를 두었다. 웬만하면 서울·경기권에서 벗어나지 않으려고 했다. 같은 직업을 가진 사람은 서울에도 많다고 생각한 탓도 있었다. 예를 들어 대구에 사는 교사에게 연락이 오면 '서울에도 교사가 많은데 왜 굳이 대구까지 가야 하지?'라고 생각했다.

그런데 다른 채널에 출연한 항해사님의 영상이 업로드 즉시 조회 수 270만 건을 기록하며 인기 급상승 영상에 랭크되자 '내가 무언가를 크게 놓쳤구나' 하는 마음이 들었다. 특히 같은 직업을 가진 사람이 가까운 지역에도 있다고 생각한 것이 나의 가장 큰 패착이었다.

항구 도시에 항만 관련직이 있듯 특정 지역에만 존재하고 주목 받는 직업도 있다는 사실을 나는 간과했다. 나는 내 자만심을 크게 자책했고, 내 안목을 의심했다. 며칠 동안 잠을 자지 못할 정도였다. 효율만 따지다가 흥행성을 등한시한 것이다. 거리가 멀고, 내가 잘 모른다고 좋은 소재를 패스해 버린 내 행동을 향한 자책은 급기야 새로운 파장을 일으켰다.

'내가 감이 없나? 아니면 감이 떨어진 걸까?'

'별로라고 생각해서 작업하지 않았는데 알고 보면 내가 똥촉인가?'

자기 비하가 끝도 없이 이어졌다.

한동안 충분히 괴로워한 나는 마음을 달리 먹기로 했다. 생각해 보니 드러나지 않았을 뿐 나와 비슷한 채널 유튜버들도 그들이 거절한 어떤 것이 「직업의 모든 것」 채널에서 화제가 된 일도 있을 듯했다. 그들도 나와 같은 감정에 빠졌을 수도 있겠다고 생각하니 마음이 한결 가벼워졌다.

다만 실수를 통해 무언가 달라져야 한다는 생각은 들었다. 그 후로 나는 시간이 걸리고 에너지를 더 쓰더라도 콘텐츠 선정에 심혈을 기울이게 되었다.

우선 지역 한계부터 없애기로 했다. 모르는 직업을 대할 때는 자료 조사를 열심히 했다. 수락하든 거절하든 후회 없도록 시간도 투자하기로 했다.

유행하는 드라마나 영화를 더 찾아보았고 대중이 열광하는 콘텐츠라면 그림, 가상 화폐 같은 생소한 분야도 공부했다. 물론 짧은 시간에 완전한 이해하지는 못하겠지만, 전체 내용을 알아야 선택도 잘할 수 있기 때문이다.

굵직한 콘텐츠들을 놓쳤다는 자괴감은 처음 콘텐츠를 만들면서 한 작업을 떠올리게 했다. 그때는 메일을 확인할 때도 콘텐츠로 만들었을 때 반응을 생각하며 꼼꼼히 점검했다. 물론 지금 메일 양과 그때와는 현저하게 차이가 나지만, 이런 사건은 적어도 대충 대충으로 변해 가는 매너리즘 가속도를 늦추는 것은 분명하다. 그리고 그런 일이 생길 때마다 메일 하나, 전화 한 통, 만나는 한 사람을 더 진지하고 세심하게 살펴보게 된다.

원래 나는 차를 운전해서 이동하기보다 걷기를 좋아한다. 대중교통을 이용할 때는 지하철보다 버스를 선택하는 편이다. 사람들이 하는 대화를 듣고 동네가 어떻게 변하는지 관찰하는 것을 좋아하기 때문이다. 늘 지나다니는 거리에 '세계 과자 전문점'이 생기면 그게 왜 유행하는지 고민도 해본다.

이러한 습관은 타성과 섣부른 판단으로 생기는 실수, 즉 금을 돌로 보는 실수를 어느 정도 줄여 준다.

결론적으로 원양 어선 항해사님과 도시 광산 대표님을 취재한 다른 유튜버분의 안목은 내게 열패감을 준 것이 아니다. 다시금 긴장의 끈을 조이게 하는 긍정적인 계기가 되어 주었다.

PLUS TIP 타성과 섣부른 판단을 경계하자

항해사님과 주고받은 메일 : 너무도 당연하게 거절했던 내 실수를 반면교사로 삼기 위해 해당 메일을 지금도 보관하고 있다.

결국 자기 목적을 이루는 사람

● ▶

신림동에서 피시방을 운영하고 있다며 연락해 온 사장님이 있다. 피시방이라는 소재가 흔해 빠진 느낌이 들어서 길게 고민하지 않고 거절 메일을 보냈다. 나중에 그분과 촬영하긴 했지만, 그분은 콘텐츠와 관련한 기억보다 다른 기억이 더 강렬하게 남은 출연자이다.

훗날 우리는 게임으로 다시 만나게 된다. 스타크래프트는 3명이 팀을 이루어야 재미있는 게임인데 그때는 마땅한 팀원이 없어 중고차파괴자 님과 나 둘만 온라인으로 만나 게임을 했다. 그때 우연히 사장님에게 같이 게임을 하자고 제안했다. 어쩌다 보니 게임 파트너로 맺어진 것이다.

함께 게임을 하는 동안 사장님은 정말 열정적으로 게임에 임했다. 우리가 게임에서 패배하는 날은 어디서 배워 왔는지 모를 새로운 스킬과 매뉴얼을 가져와 알려 주었고 어떨 때는 게이머로서 본인의 재미보다 승률을 높이기 위해 자기를 희생하기도 했다. 그렇게 6개월을 집에서, 그분의 피시방에서 함께 게임을 했다. 게임을 함께 하던 기간에도 다른 피시방 사장님들의 촬영 제안은 계속해서 왔다. 결국 나는 같이 게임 하는 사장님에게 받았던 촬영 제안을 다시 고려해 볼 수밖에 없었다. 그래서 보답 의미를 포함해 다른 피시방 사장님이 아닌 이분과 해야겠다고 마음의 결정을 내렸다. 다만 사장님이 너무 쑥스러움을 많이 타서 다른 포인트가 필요했다. 그래서 아르바이트생을 인터뷰한 내용으로 주된 영상을 만들었다. 일하면서 힘든 점은 무엇인지, 고객들이 치근덕거리지는 않는지, 그럴 때는 어떻게 대응하는지 등등을 영상에 담았다. 영상을 올린 후 100만 명이 영상을 시청했다. 피시방 매출이 엄청나게 뛰었다.

홍보 효과 때문인지 사장님은 게임에 참여할 수 없을 정도로 바빠지셨고 게임 파트너로서는 활동하지 못하게 되었다. 사장님이 처음부터 그리할 목적으로 6개월의 시간을 투자했는지는 알수 없다. 그러나 내 마음에 변화가 있을 때까지 그분이 나와 함께

했으리라는 짐작은 든다.

열악한 주거 환경을 보여주고자 기획한 「집 시리즈」를 함께 작업한 집공략 님은 함께하는 작업에 최선을 다하는 자세가 무엇인지 알게 해준 사람이다. 화장실 변기와 싱크대가 같은 공간에 있는 집을 촬영하는 날, 그는 갑자기 차 트렁크를 열더니 냄비 하나를 가져왔다.

"가스레인지에 냄비까지 올라가 있으면 현실감이 더 살지 않을까요?"

그의 말에 나는 정말 감탄했다. 내 콘텐츠인데 나보다 더 디테일하게 고민했다는 의미이니 말이다. 다른 날은 단순히 부동산 중개사를 통해 집을 구한다고만 생각했던 내게 요즘은 '직방' 같은 애플리케이션으로 집을 소개하고 계약까지 한다며 소품을 한가득 가져왔다. 좁고 어두운 방을 다양한 소품으로 어떻게 변화시키는지 현장에서 보여줄 수 있게 준비해 온 것이다. 그리고 그는 단 몇 분 만에 살고 싶지 않은 집을 보러 가고 싶다는 마음이 드는 공간으로 바꾸어 놓았다. (영상: 잠은 어디서 자요?) 혹시나 촬영하는 과정에서 발생할지 모르는 여러 문제를 이야기하면 자기가 모든 문제를 해결해 놓겠다고 답변했다.

집을 조사하고 수집하는 양도 엄청났다. 하루에도 카톡으로 사진을 대여섯 개씩 보내왔다. 집공략 님이 「집 시리즈」 콘텐츠

작업에 얼마나 최선을 다해 참여하고 있는지, 그가 얼마나 이 일에 진정성을 가지고 임하는지 고스란히 전달되었다.

나중에 들은 얘기로, 그는 우리가 원하는 형태의 방을 찾기 위해 인터넷에 올라온 정보로 알게 된 집, 직접 발품을 팔아서 확인한 집 등을 500군데 정도 돌아봐야 촬영에 적합한 집 하나를 건질 정도로 세심하게 조사했다고 한다. 그리고 촬영이 확정되면 촬영 전날 미리 가 보고 자기를 그 집에 사는 사람이라 생각하며 동선을 확인하고 냄비 같은 디테일도 준비했다. 그 덕분에 그의 노력은 현장에서 빛을 발했다.

마지막으로 집을 찾아가는 것이 아닌 패널 형식으로 카메라 앞에 둘이 앉아 토크를 하는 콘텐츠를 만들 때도 집공략 님은 참으로 인상적이었다. 집공략 님이 그런 형식의 촬영도 꼭 하고 싶다고 해서 진행한 기획인데, 막상 녹화에 들어가자, 집공략 님이 너무 긴장했다. 몸을 움직이며 집이라는 주인공을 소개할 때와 다르게 자기가 주인공이 되니 생소한 탓인 듯했다. 두 번을 촬영했지만, 영상을 차마 쓸 수 없을 정도였다. 이렇게는 안 되겠다고 생각했는지 집공략 님은 자신에게 시간을 좀 달라고 했다. 그리고 며칠 후 준비가 되었다며 집공략 님이 다시 연락을 주었다. 그런데 그날은 이전과 사뭇 달랐다. 너무 자연스럽게 대화가 이어져 문제없이 촬영을 마쳤다.

이것 역시 후에 설명을 들었는데 며칠 동안 출퇴근 시간, 차에서 그리고 업무 중간에 사무실에서 시간이 날 때마다 소리를 내며 인터뷰 시뮬레이션을 했다고 한다. 그런 노력이 있었기에 카메라 앞에서도 긴장하지 않고 자연스럽게 인터뷰가 가능해진 것이다.

유튜브 채널을 운영하며 수많은 사람을 만났지만, 나는 여전히 집공략 님의 노력과 열의를 생생히 기억하고 있다. 좋은 기획이 떠오른다면 언제든지 그와 다시 일하리라는 마음도 항상 품고 있다.

우리는 무언가 목적을 이루기 위해 시간을 들여 노력할 마음을 가지고 있다. 그러나 아이러니하게도 세상이 자꾸만 불가능하다고 말하는 시대에 살고 있다. 그래서 사람들은 대개 시도조차 하지 않거나 작은 실패에도 금방 물러나 버린다.

피시방 사장님과 집공략 님은 이런 점이 그런 사람들과 달랐다.

목표에 집중하고 될 때까지 하겠다는 마음은 불가능도 가능케 한다. 그 정도의 열의로 노력한다면, 누구든 그 사람의 기회가 되어 주려 할 것이다.

PLUS TIP 노력과 열정은 누구도 배신하지 않는다

집공략 님은 5년 전에 유튜브를 시작해 채널을 3번이나 바꿔 가며 100여 개 영상을 올렸다. 그러나 구독자는 천 명을 넘기지 못했고, 돌파구 또한 찾지 못하고 있었다고 한다. 그래서 「직업의 모든 것」과 한 협업이 자신에게 기회가 될지도 모른다고 생각해 해당 프로젝트에 최대한 성의를 보이기로 마음먹었다고 한다.

그는 100개라는 콘텐츠를 만들며 생긴 나름의 '감'으로 내가 놓치는 부분을 정확하게 관찰하고 보완해 주었다. 콘텐츠에 맞는 집을 찾아내는 데 꼼꼼했던 그의 성격도 큰 도움이 되었다. 한자리에 앉아 최소 6시간 이상을 투자하며 반드시 찾아내겠다는 마음으로 조사했다고 하니 말이다.

그런 태도로 함께 만든 영상은 그의 목표에 부스터가 되었고 현재는 25만 구독자를 보유한 유튜버로 자리 잡았다. 그리고 본업인 부동산 중개업에도 큰 시너지로 작용했다. 그는 어떤 것도 실패하지 않았고 자기가 원하는 목표를 이루었다.

이길 것 같을 때 지고 질 것 같을 때 이긴다

● ▶

고향 집 근처 온천에 갔을 때, 어떤 분이 구독자라며 먼저 인사를 건넸다. 그 후로 가끔 문자로 연락을 주고받는 관계로 지냈는데 한 번은 괜찮은 콘텐츠가 될 것 같다며 월악산에서 산삼을 캐는 심마니님을 소개해 주었다. 특이한 직업이기도 하고 나 역시 좋은 소재라는 확신이 들어 몇 시간을 운전해 지방으로 내려갔다. 내 성격상 그 정도의 거리인데도 갔던 걸 보면 반드시 되리라는 확신이 상당히 강했던 듯하다.

심마니님은 총명탕에 들어가는 약초, 사약 재료로 쓰이는 약초 등을 보여주었다. 후각이 발달한 동물들, 특히 소 같은 동물은 풀을 줄 때, 독초가 섞여 있으면 그걸 알아채고 그 풀만 먹지 않는다는 부가 설명도 곁들였다.

산행하다가 운 좋게 100년 된 도라지도 발견했다. 심마니들이 가장 귀하게 여기며, 찾았을 때 가장 기뻐하는 산삼도 찾아냈다. 이런 경사가 겹치자 꼭 필요한 영상을 찍은 듯해 기분이 너무 좋았다. 그래서 개울에 사는 가재도 잡아 보여주고 산 풍경을 담으며 힐링 요소도 첨가했다. 집으로 돌아온 나는 바로 편집에 들어갔고 3편으로 나눠 게시했다.

그러나 놀라울 정도로 반응이 없었다. 말 그대로 좋고 나쁘고 아니라 사람들의 관심이 전혀 없었다는 표현이 맞는다.

설마 이건 내 취향에만 맞는 수제였을까?

당시 눈을 비벼 가며 여러 번 반응을 확인했던 것 같다.

대구에서 전자 화폐를 채굴하는 사업을 하고 있다는 연락을 받은 적도 있다. 당시 나는 고향 집에 가는 김에 들러 촬영하기로 했다. 당시 뉴스에서 전자 화폐를 여러 차례 접하기는 했지만 크게 관심이 가지 않았다. 그 때문에 일부러 내려가는 것을 택하지 않고 동선에 맞춰 그런 결정을 했다.

촬영한 영상을 아무리 봐도 별로라는 생각이 강했다. 그래도 찍은 게 아까우니 버리는 셈 치고 2분짜리 짧은 영상으로 편집해 업로드했다. 그런데 30분도 안 되어 5만 명이 영상을 시청했다. 그 정도 속도라면 100만까지도 가능하다고 판단해 영상을 바로 비공개로 전환했다. 그리고 다른 일을 전부 미루고 온종일 재편집 작업에 들어갔다. 가능성이 증명되었으니 유사한 콘텐츠를 다른 누군가가 올리기 전에 제대로 된 영상을 빨리 만들어 올려야 했다.

다시 찬찬히 촬영 영상을 체크해 보니 다행히도 기대하지 않은 것에 비해 세세한 내용을 제대로 찍어 왔다. 비트코인 장비와 프로그램은 어떤 것인지, 채굴기 한 대가 채굴해서 올리는 수익은 한 달에 어느 정도인지, 채굴업자로서 이 일을 권하는지 아닌지 등등.

사람들이 궁금해할 내용이 자세히 촬영되어 있기에 최대한 빠르게 원래 하던 대로 10분 정도 길이의 영상(비트코인 채굴장에 다녀왔습니다)을 만들었다. 한 번 테스트를 거쳐 어느 정도 반응이 나올지 예상할 수 있었던 만큼 결과 또한 그만큼 따라왔다.

당시 나는 전자 화폐에 관심이 없었지만, 뉴스는 계속해서 전자 화폐를 떠들고 있었다. 해당 내용에 관한 정보를 제대로 알려 주는 사람은 없었기에 그 영상이 궁금증을 어느 정도 해소해 준 듯하다. 영상은 성공했지만, 나는 씁쓸하기 그지없었다. 이런 트렌드를 알아채지 못한 나를 향한 자책이 무럭무럭 솟아난 탓이었다.

서울에 올라온 이후 내가 받은 큰 가르침을 꼽자면 3가지가 있다. 그건 바로 건설 노동자 경험, 노점상을 해본 일 그리고 카드 영업이다.

그중 신입 시절 나를 가르쳐 주던 회사 선배는 "사람을 쉽게 쓰고 버리는 곳이 영업 바닥이야"라며 내게 쓴소리를 자주 해주었다. 그는 나를 진심으로 대했고, 많은 것을 알려 주었다. 말투, 표정, 행동 하나하나를 모두 지적하고 고쳐 주었다. 내 인상이 매서우니 안경을 쓰라고 권했고 사투리가 밴 내 말투의 높낮이를 짚어 주며 영업에 적합한 부드러운 서울말을 가르쳐 주었다. 영업하는 순간에는 어떤 것도 고객보다 중요하면 안 된다며 고객을 대하는 태도에도 많은 가르침을 주었다.

그러나 일에는 너무 가혹했다. 내가 잘해도 혼냈고, 못하면 더욱 심하게 혼을 냈다. 비록 선의로 나를 대했지만, 어떨 때는 지하철 화장실에서 몰래 울고 나온 적이 있을 만큼 내게 냉정했다. 명함을 두 손으로 받지 않았다고, 휴대전화를 진동으로 해 놓지 않았다고, 고객에게 허리 숙여 인사하지 않았다고, 가게 문을 닫지 않고 나왔다고 혼이 났다. 계약을 못 따면 못 땄다고 혼을 냈고, 계약을 따면 고작 그것밖에 못 했냐고 나무랐다. 어느 날은 너무 서운해서 일하다 말고 집에 가 버린 적도 있었다. 지금 생각해 보면 그 많은 구박을 어떻게 다 견뎠나 싶다.

지금도 생생한 기억으로 남은 그의 조언은 다음과 같다.

1. 계약을 딸 수 있을지 없을지 신경 쓰지 말고 내가 영업하는 한 사람, 한 사람에게 집중해 영업하라.
2. 시각, 청각, 후각 등 온 감각을 그 사람에게만 집중하고 5분 이상 대화하라. 할 말이 없다면 그냥 쳐다보기라도 하다가 나오라.
3. 성과가 없더라도 다음 사람을 똑같은 방법과 기준으로 대하라. 단 한 집도 빠뜨리지 말고.

그가 시킨 대로 했더니 확실히 계약률이 더 높아졌다. 그중에는 절대 계약하지 않을 것 같은 사람도 있었다.

그가 가르쳐 주려 했던 진리는 아마 이런 게 아닐까 싶다.

내가 누군가의 마음을 온전히 읽기도, 상황을 통제하기도 불가능하다. 그러니 섣부른 자기 판단이나 쓸데없는 예견으로 평정심을 깨뜨리지 말라.

우리는 하루에도 여러 번 실패하고, 예상치 못한 성공과도 만난다. 그때마다 내 감정을 롤러코스터에 태운다면 잘될 일도 그르칠 수 있다. 당시 나는 생소했던 전자 화폐 콘텐츠 성공을 확신

유튜브의 정석

하지 못한 나를 자책했지만 그럴 수 있다며 나를 다독여 주어야 했다.

마라톤 같은 긴 인생에서 지치지 않고 완주하려면 그런 마음가짐이 꼭 필요하다.

남자는 여자를 모르고
여자는 자기를 모른다

● ▶

인간은 항상 누군가에게 인정받고 싶어 하는 강렬한 욕구가 있다. 부모와 자식 관계, 선생님과 제자 관계, 친구 관계 등 동조와 응원을 얻고 싶은 모든 관계에서 인정 욕구는 작용한다.

그중에서도 가장 강하게 인정받고 싶은 상대는 이성적으로 사랑하는 사람이 아닐까 한다. 사랑이라는 감정의 인정을 내가 사랑하는 사람에게 받는 것만큼 큰 기쁨은 없기 때문이다. 그러나 현시대 대한민국은 연애와 결혼을 하는 데도 높은 수입, 준수한 외모, 무난한 성격 같은 자격이 필요하다고 말한다.

물론 노력으로는 계층의 사다리를 오르기 힘들다. 기성세대들이 자기가 가진, 작은 하나도 양보하려 하지 않아 기회가 부재한 시대이기도 하다.

사랑이라는 감정을 느끼는 데, 왜 그것을 표현하는 데 죄의식을 느껴야 할까?

이런 사회적 분위기는 남녀 갈등의 골만 깊어지게 했고 급기야 남녀가 서로를 혐오하는 지경에 이르렀다.

「결혼 시리즈」 기획은 바로 여기서 시작되었다. '과연 사랑에도 자격이 있어야 하는지, 결혼이 왜 인생을 함께하고 싶어서 하는 것이 아니라 풀어야 하지만 어려운 숙제가 되어 버렸는지'에 관련해 여러 사람의 의견을 듣고 싶었다.

결혼하지 못한 사람의 이야기, 해본 사람의 경험담, 결혼하기 전에 발생하는 문제들, 결혼 후 겪어야 하는 갈등, 다시 혼자가 되기를 선택한 이유 등등. 결혼과 관련해 들어 보고, 생각해 보고 싶은 이야기가 정말 많았다.

인생에서 결혼은 탄생, 죽음, 출산과 같은 무게의 큰 사건이다. 그런데 왜 이토록 하기도, 유지하기도 어려운 문제가 되었는지 다뤄 보고 싶었다.

나는 우선 결혼을 꼭 하고 말겠다는 미혼 남녀가 최후 수단으로 선택하는 결혼 정보 회사에 가입한 사람들의 이야기를 들어 보고 싶었다. 그래서 남녀를 구분하지 않고 여러 사람을 만났다.

그들의 대화를 통해 남녀 눈높이가 일치할 확률이 낮은 이유를 알 수 있었다.

다들 알다시피 결혼 정보 회사는 가입부터 어렵다. 어느 정도 조건을 갖춰야 가입이라도 할 수 있다. 회사는 성혼이 목적이기 때문이다.

회사는 조건이 맞을 만한 사람들을 소개하고 다양한 정보를 제공하며 매칭을 해준다. 회원들도 소개받은 사람이 자기 기준에 부합하는 인물이라고 생각되면 직접 만나는 자리를 가진다. 그런데 내가 만난 분 대부분은 이 만남을 그리 좋게 기억하고 있지 않았다.

대체로 '사자를 보러 동물원에 갔는데 진돗개가 나왔다'라는 반응이 대부분이었다. 누가 사자이고 누가 진돗개인지는 알 수 없지만 모두 비슷비슷한 얘기를 하고 있었다.

결혼 정보 회사 가입자들은 자기가 만나고 싶은 상대방 기준을 제시하는데, 보통 연봉, 키, 외모, 나이 같은 것이 그 기준이다. 그런 기준이 먼저 정해진 만남에 아직 만나지 않은 상대를 향한 기대까지 더해지면 환상은 더 커진다. 그래서 실망이 더욱 크다.

이런 프로세스를 거치니 결혼으로 이어지기가 불가능에 가까울 수밖에 없다. 사람이 아닌 조건에 초점을 맞추었기 때문이다. 모든 가입자가 '나보다 나은'이라는 기준으로 상대를 평가하니 서

유튜브의 정석

로의 눈높이가 일치할 리 없다.

선조들이 '비슷한 집안과 결혼'을 중시했던 이유는 '대화가 통하는 사람, 같이 있으면 편안하고 행복한 사람, 가치관이 비슷해서 삶의 방향이 맞는 사람'이 결혼 상대를 고르는 가장 중요한 조건임을 알고 있어서가 아니었을까? 모두가 자기보다 나은 사람을 선택하려고 하니 시선이 탁구공처럼 왔다 갔다 하고 하늘 높은 줄 모르고 튀어 오르게 되어 있다.

나는 이 모든 것이 자기 객관화가 되지 않아서라고 생각한다. 자기 객관화라는 말의 정의는 검색을 통해서도 쉽게 찾을 수 없는 불명확한 단어이다. 나는 '나 자신을 완벽한 타인으로 여기고 좋은 것과 나쁜 것 모두를 가감 없이 바라보는 것'을 자기 객관화라고 생각한다.

누군가는 자기 객관화가 자기를 평가절하해 잠재력을 낮추는 역기능을 한다고 보기도 한다. 그러나 자기 장단점을 완벽하게 파악하고 받아들이면 좋은 점은 더 발전시키고 나쁜 점은 좋은 쪽으로 보완할 수 있다.

가능한 것과 아닌 것이 자연스럽게 구분되고 말이다. 그래도 간절히 원하여 놓을 수 없는 것이 있다면 그에 맞는 자격을 갖추려는 노력으로 이어질 테다.

결혼 시리즈를 만들면서 가장 의미 있는 일은 성별의 한계를 두지 않았다는 점이다. 이름 없는 여자 아이돌이 위문 공연에 가더라도 지구상에서 가장 유명한 가수처럼 느끼게 해주는 호응을 받는 곳이 군부대라는 말을 들어 본 적 있을 것이다.

「직업의 모든 것」도 남자 구독자가 많은 채널이라 여성 게스트를 초대하면 쉽게 호응을 얻을 수 있을지도 모른다. 그러나 만약 그런 의도로 여성분을 초대했다면 구독자들은 분명 나를 비난할 것이다. 여러 위험 요소가 있었음에도 나는 여성분을 출연하도록 했다. 남자들끼리 모여 반대편 생각은 무시한 채 짐작만으로 상대편을 비난하는 일은 정말로 한심하고 위험하다 여겼기 때문이다. 결혼 적령기 여성의 의견도 꼭 들어 봐야 서로를 객관화할 수 있으리라 여겼다.

영상 업로드 후 구독자들은 다양한 반응을 보였다. 당시 나는 남녀가 서로를 갈구하면서 미워하는 듯하다는 느낌이 들었다. 그리고 남녀는 서로를 알아야 할 필요가 있고 마음을 터놓고 이야기를 나눈다면 서로의 말을 충분히 들을 의사가 있다는 사실 또한 댓글로 알았다.

갈등은 대화로 충분히 풀 수 있는 문제이다. 그런데 아무도 시도하지 않는 듯해 안타깝다. 유튜브에서 토론의 장을 만들기는 어렵겠지만 적어도 서로의 생각을 듣고 공유할 수는 있다. 남성이 모여 있는 채널에서 여성들을 초대해 그들의 이야기를 들어

보았듯이, 여성이 모여 있는 채널에서도 남성을 초대해 의견을 들어 보는 일이 필요하다고 본다.

묵은 갈등을 묻어 놓으면 썩기밖에 더 하겠는가. 서로의 처지를 이해하고 공감하는 시간이 우리에게는 필요하다.

2박 3일과 2시간의 차이, 노력이 임계점을 넘으면 일어나는 일

● ▶

누군가가 질문을 하나 던졌다.

"열정 페이를 받던 어린 시절의 경험도 노력이라는 관점에서 지금 직모 님께 도움이 되었나요?"

당시 나는 1초도 망설임 없이 "아니요!"라고 대답했다. 그러나 혼자 된 시간에 그 질문을 곰곰이 다시 생각해 봤다. 물론 열정 페이라는 단어조차 세상에서 사라져야 한다는 생각에는 흔들림 이 없다. 다만 내가 너무 열정 페이라는 단어에 매몰되어 있지는 않았나 하는 생각에 심란해졌다. 그래서 당시를 돌이켜 보았더 니, 지금 하는 일에 그 경험이 꽤 도움이 된다는 사실을 깨달았다.

인터뷰를 진행하다 보면 내 질문에 놀라는 분이 꽤 있다. 인삼 농사짓는 분을 인터뷰하면서 "인삼은 기가 너무 센 작물이라 인삼 농사를 지은 땅에는 당분간 다른 작물을 심으면 안 된다면서요?"라는 질문을 던진 적 있다. 이때 농부님은 "제 아내도 모르는 걸 다 알고 계시네요"라며 놀라워했다.

원룸을 촬영할 때는 부동산 실장에게 이런 말을 했다.

"매도인이 공인중개사 몰래 매수인에게 명함을 건네면 안 된다면서요?" (이는 부동산 업계의 당연한 상도덕이다.)

이러한 질문들이 나와 그분 사이에 공감대가 생기는 데 큰 역할을 했다. 내가 지금껏 노력을 많이 했다고 내 입으로 말하기는 여전히 쑥스럽다. 그러나 어린 시절부터 지금까지 해 왔던 노동의 시간, 경험의 다양함이 지금 일에 큰 도움이 되는 건 사실이다.

처음 유튜브를 시작했을 때는 특별한 기준이 없었다. 내가 인터뷰하지 않은 직업이라면 무조건 인터뷰했다. 하루에 최소 3명 이상 인터뷰하려고 했고 실제로도 실행에 옮겼지만, 문제가 있었다. 채널 방향성이 명확하지 않으니 인터뷰 방향도 잘 잡히지 않았다. 당연히 인터뷰 시간도 길어질 수밖에 없었다. 영상 편집 기술도 미숙해 컴퓨터 앞에서 편의점 도시락을 먹으며 편집에 몰두해야 했다. 미숙함이 곳곳에 나타나 내 모든 시간을 촬영과 편집에 쏟아부었다. 채널 운영에 재미를 조금씩 붙이는 시기라 더욱 열심히 했고 그 이외의 시간이 내게는 무의미하게 느껴졌다. 하루라도 늦으면 큰일이 생길 듯했다. 영상을 기다리고 있을 구독자들을 생각하면 마음이 조급해졌다.

아무것도 모르는 상태로 시작한 탓에 유튜브 첫 영상을 촬영하고 편집해 업로드하는 데까지 상당한 시간이 걸렸다. 2분짜리 영상을 편집하는 데 2박 3일 내내 매달려야 했다. 의욕은 누구에게도 뒤지지 않았지만, 초보의 한계를 시간으로 메울 수밖에 없었다.

그러나 600개(비공개 포함) 영상을 찍고 편집하는 동안, 소요 시간은 현저히 줄어들었다. 요즘은 편집하는 데 2시간 정도면 충분하다. 촬영 방향성이 명확하니 촬영 시간도 짧아졌고, 촬영하면서 이미 머릿속에서는 편집이 동시에 이루어진다. 그 덕분에 프로그램으로 작업해야 할 것들은 영상을 이어 붙이고 자막을 넣는 게 전부가 되었다. 그런데도 결과물은 지금이 훨씬 낫다.

앞서 얘기한 청담동 택배 기사님 인터뷰 영상으로 나는 기획의 중요성을 새삼 느꼈다. 그 때문인지 이후에 진행한 인터뷰에 그 영상은 아주 많은 영향을 미쳤다. 다양한 각도로 콘텐츠를 기획하게 된 크나큰 계기인 셈이다.

사람을 만날 때 시청자가 보는 관점 너머의 것이 보이고, 인터뷰이 선정도 한층 간결하고 쉬워졌다. 그저 많이 하는 게 방법이고 경쟁력이던 시절, 3년이라는 시간과 600개라는 영상은 내게 쓸 만한 실력이라는 바람직한 결과물을 선사했다.

노력이 임계점을 넘었을 때 생기는 가장 큰 변화는 자기 분야에 강한 자신감을 가지게 된다는 것이다. 덕분에 어떠한 상황에 부닥쳐도, 어떤 대상을 만나도 당황하지 않는 담력도 함께 가지게 된다.

유튜버 초창기 시절, 변리사님을 인터뷰한 적 있다. 그분과 페이스북을 통해 연락이 닿았는데 그분이 올린 게시물에 S대 졸업장과 각종 수료증 그리고 상장이 눈에 띄었다. 내가 선망하는 직업에 명문대 학벌, 근사한 사무실, 손목의 비싼 시계 등을 보니 왠지 모르게 기가 죽었다.

고졸 학력이 부끄러웠고 '내가 이분을 인터뷰할 자격이 되나?' 하는 생각도 들었다. 그 탓이었을까? 처음 자리에 앉아 내가 꺼낸 말은 지금 생각해도 어이가 없다.

"역시 S대 출신이시라 무언가 다르시네요."

인터뷰하러 가서 그런 말로 대화를 시작했는데 인터뷰가 잘될 리 없다.

콘텐츠를 어떻게 만들어야 하는지 확신이 생기자, 인터뷰이를 대하는 태도도 완전히 달라졌다. 누구를 만나도 기죽지 않았으며 결국 내가 원하는 방향으로 인터뷰를 끌어낼 수 있게 되었다.

나는 노력에는 임계점이 있다고 생각한다. 책을 조금 읽는 분이라면 다 아는 '1만 시간의 법칙'은 서양식 관점에서 우리가 무언가를 이루는 데 필요한 최소한의 노력을 시간 단위로 설명한 이론이다.

물론 무의식적으로 아무 생각 없이 무언가를 반복하며 채우는 1만 시간은 아무런 의미가 없다. 의식적으로 단계별로 주어진 임무를 완수하며 자기 한계를 극복해야 그 시간은 유의미해진다.

내 노력이 임계점을 다했나 하는 의문이 든다면 내 일에 내가 해 온 노력을 대입해 보자. 그러면 '내 노력이 충분했는가?' 하는 물음에 답이 금방 나온다. 아직 내 일에서 파생하는 여러 상황에 내가 여전히 당황하고 있다면 노력이 좀 더 필요하다.

Chapter

유튜브 세계에서
주도적 삶을 꿈꾸는
그대에게 보내는 조언

유튜버가 감당해야 할 시험들

● ▶

최근 '유혹에 빠진 젊은이들'이라는 뉴스 제목이 많이 보인다. 이는 취업난이 계속 이어져 곤란을 겪는 20, 30대 무직 청년들에게 생기는 비극이다. 이른바 고액 아르바이트 광고 유혹에 넘어가서 범죄 조직에 가담하거나 쉽게 돈을 벌고 싶다는 이유로 자기도 모르게 사기 조직에 가입한다.

　마음이 힘들 때나 여유가 없을 때 우리는 쉽게 유혹에 빠진다. 가진 게 많고 마음에 여유가 있어도 한순간 솔깃함에 넘어가 잘못된 유혹에 걸려든다. 작가 버나드 쇼는 "젊음은 젊은이에게 주기 아깝다"라는 말을 남겼다고 한다. 아직 판단이 서툴러 유혹에 쉽게 빠져 버리는 젊은이들이 시간의 소중함을 모른다는 사실에 안타까워 한 말이 아닐까 한다. 나는 유튜버를 하기 위해 많은 사람을 만났다. 채널을 봐주는 분이 늘어나면서 만나는 분도 점점 많아졌다. 좋은 분이 당연히 많았지만 그렇지 못한 분도 있었다. 그만큼 나를 흔드는 유혹이 많았다는 이야기도 된다. 한 번은 어떤 분이 내게 투자를 제안했다. 자신에게 투자하면 1년 안에 60% 수익을 올려 주겠다고 단언했다. 재테크에 문외한인 내게 1년에 60% 수익이라는 숫자는 솔깃한 제안이었다. 요즘 같은 저금리 시대에 어디서 그런 수익을 내겠는가.

나는 그 제안을 받자마자 고민에 빠졌다. 게다가 그 제안을 한 분은 사업 쪽으로 어느 정도 성공해서 부를 이루었기에 더욱 그랬다. 고민 끝에 나는 주변 분들에게 솔직히 털어놓으며 조언을 구했다. 그때 어떤 분이 내게 말씀하셨다.

"은행에 가면 쉽게 빌릴 수 있는 게 돈이에요. 그런데 그분은 왜 해수 씨에게 그걸 제안했을까요? 반대로 생각해 보세요. 그 정도 수익률이면 자기가 투자해서 벌면 될 텐데 왜 많은 사람 중에서 하필이면 해수 씨에게 제안했을까요?" 그 순간 고민은 끝났다. 나는 그분에게 투자 의사가 전혀 없음을 밝혔다. 그 이후로 그분에게서는 연락이 끊겼다. 지금 그분이 나에게 제안한 투자에 성공하셨는지 실패하셨는지는 알 수 없다. 그 후로도 투자 제안은

유튜브의 정석

끝없이 이어졌다. 어떤 분은 홈쇼핑에 나가서 신발을 같이 팔아 보자고 하기도 했다. 애매하게 얼굴이 알려지니 유혹의 손길은 더욱 많아졌고 말이다. 물론, 잠깐 고민에 빠지기도 했다. 그러나 그때마다 내가 생각했던 건 단 한 가지였다. '올라오는 길은 정말 어렵지만 내려가는 건 순식간'이라는 명징한 사실이었다. 돈을 다급하게 욕망하기보다 지금 하는 일의 소중함을 한순간도 잊지 않고 사는 일이 내게는 더 중요했다. 그 결론을 내린 후로 나는 많은 것을 내려놓았다. 사실, 제안이 투자에만 그치는 게 아니다. 술을 마시자거나 함께 놀러 가자는 권유도 끊이지 않는다. 물론 나라고 노는 게 싫겠는가! 나는 술 마시는 것도, 사람들과 이야기를 나누는 것도 좋아한다. 하지만 그때도 반드시 선행하는 바가 있다. 무슨 행동을 하기 전에 해야 할 일과 하지 말아야 할 일을 구분하는 것이다. 함께 어울리는 사람, 가는 장소 등이 내게 불필요하다면 하지 않는 편이 옳다. 아무 생각 없이 본능대로 행동하다가는 그동안 열심히 쌓아 온 모든 것을 한순간에 잃게 될 테니 말이다.

누군가는 나를 보며 '너무 조심하는 거 아니냐?' 혹은 '오버하는 거 아니냐!'라고 여길 수 있다. 하지만 나는 내가 일궈 놓은 것들이 너무나 값지다. 내게는 어마어마한 그 가치를 작은 실수 하나로 놓칠 수는 없다. 그리고 그런 제안들이 내가 하는 지금 일보다 재미와 의미가 없다는 사실을 내가 너무 잘 안다. 사실, 이성과 자제심을 발휘해 거절한 후 느끼는 희열 또한 크다. 내 마음과 남의 눈을 의식해 행동 여부를 결정하는 일이 내 인생에 있을 줄 몰랐다. 그러나 그런 일이 이어지자, TV에 나오는 유명 연예인들이 달리 보였다. 화면 속에서는 늘 웃고 떠들며 즐거워만 보이지만, 그들이 얼마나 절제하고 조심하는지 알 수 있었다. 그들은 유명한 만큼 대단히 매력적인 제안이 밀려들 것이며, 위험성 또한 클 터였다. 속이고 이용하려 드는 이가 항상 주변에 들끓는다. 매 순간 판단해야 할 사안이 자기 직업과 관련된 일 외에도 엄청나게 많이 있으리라 생각하니 그들에게 존경심마저 들 지경이다.

'유혹을 이겨 낸 기억보다 만족스러운 기억은 없다'라는 말을 들은 적 있다. 유혹을 이겨 낼수록 마음은 더욱 단단해진다. 그리고 흔들리는 것은 언젠가 멈추기 마련이다. 지금 솔깃한 제안을 듣고 고민하는 중이라면 그 사람이 왜 나에게 이런 제안을 했을지 역으로 생각해 보자. 그리고 절대로 혼자 판단하지 말자. 주변 사람들에게 알리고 객관적인 의견을 청하는 게 중요하다. 좋은 기회니 너만 알고 있으라는 그 말조차 유혹일 수 있다. 내가 일군 소중한 것들을 하루아침에 망치고 나락으로 떨어져도 될 만큼 매력적인 일이라면 굳이 말릴 생각은 없다. 그러나 모든 책임은 자기가 져야 한다는 사실을 명심하자.

출근도, 퇴근도 없는
유튜버라는 직업

● ▶

몇 년 전부터 초등학생을 대상으로 한 장래 희망 설문 조사에서 유튜버가 상위에 드는 일이 잦아졌다. 고소득 직업군으로 많이 알려지면서 자연스럽게 관심이 쏠린 탓이다. 게다가 누구든 시작할 수 있다는 장점이 있기에 '나도 한번 해볼까?' 하는 마음이 들기 마련이다. 자기가 가진 특기나 취미를 통해 실제로 도전하는 사례도 많아졌다. 그러나 모든 일에는 장단점이 존재한다.

나로 말하자면, 유튜브를 시작한 후부터 출퇴근 개념이 사라졌다. 그 때문에 하기 싫을 때는 안 해도 되고 하고 싶을 때만 해도되는 자유로운 직업이라는 오해를 받을 수 있다. 하지만 구독자와 영상 업로드 일정 약속이 없더라도 영상을 촬영하고 편집하는 일은 늘 진행해야 한다. 가끔은 촬영한 영상이 올리기 힘들 정도로 재미없거나 주제와 따로 놀 때도 있다. 그러면 그 영상은 무용지물이 되어 버린다. 그래서 다른 것으로 채우기 위해 밤을 새우는 일도 비일비재다.

이뿐만이 아니다. 정해 놓은 스케줄 외에도 갑자기 일이 툭툭 튀어나와 사적인 계획은 뒷전이 된다. 한순간도 긴장을 풀 수 없는 직업이 바로 유튜버이다. 촬영하러 갈 때, 뜻하지 않은 상황도 발생한다. 먼 곳까지 인터뷰하러 갔는데 갑작스레 인터뷰 대상자와 연락이 끊기기도 하며, 자기 영업시간이 끝날 때까지 기다리라고 해서 내 소중한 시간을 낭비하는 일도 있다.

재작년 문경시에서 멧돼지를 잡는 사냥꾼님을 취재했을 때는 한파를 그대로 맞으며 2박 3일 내내 산을 타야 했다. 원하는 장면을 계획된 시간 안에 담을 수 있다면 좋겠지만 사냥에는 그런 담보가 없지 않은가. 그러니 사냥에 성공할 때까지 촬영해야만 했다.

단순한 촬영 업무와 관련한 단점만 나열한 것이 이 정도다. 촬영이 없는 날은 거의 인터뷰 기획과 편집에 시간을 쓴다. 내가 만난 유튜버들도 비슷한 형태로 시간 분배를 하는데 편집은 정해진 시간에 하는 것이 아니라 늘 해야 한다는 생각으로 작업한다.

단순히 편집 프로그램에 영상을 넣고 편집하는 것이 아니다. 컴퓨터와 떨어져 있더라도 머릿속에서는 편집이 계속 진행된다. 자기가 만든 콘텐츠가 전달하고자 하는 점을 극대화하기 위한 고민은 잠자는 시간 외에는 끊임없이 이어진다. 일이 머릿속에서 떠나지 않고 일의 굴레에 익숙해지다 보면 생각도 멈추지 않는다. 잠을 자려고 침대에 누워서도 기획 생각, 편집 방향 고민으로 쉽게 잠들지 못한다. 생각이 꼬리에 꼬리를 물어 뜬눈으로 아침을 맞이할 때도 있다.

콘텐츠 기획은 온전한 내 영역이지만, 내 것인 듯 내 것 아닌 영역도 있다. 정말로 공들인 영상, 무조건 잘되리라는 확신이 최고조에 달하는 영상도 어떨 때는 기대 이하의 결과가 나오기도 한다. 그럴 때면 현실 공감 능력과 기획의 감이 떨어진 게 아닌지 의심스럽기도 하다.

결과는 어쩌면 나의 영역이 아닐지도 모른다. 참 알 수 없는 영역임을 받아들여야 하는 것이 콘텐츠 종사자의 숙명이다.

더 중요한 문제도 있다. 유튜브라는 플랫폼에서 얼굴을 드러내는 일에는 상당한 위험이 따른다. 언젠가 강남에서 인터뷰를 끝내고 지하철로 귀가하던 중에 내 영상에 댓글 알람이 떴다.

'형, 아까 지하철에서 봤어요. 근데 형은 본인 영상을 왜 그렇게 봐요?'

그분의 잘잘못을 말하는 게 아니다. 어디든 나를 향한 시선이 있다는 사실을 자각하고 빈약하던 도덕관도 다시 세워야 한다. 구독자 중에는 나이가 어린 분도 있을 테니 내가 올리는 영상이 그들의 인생에 어떤 영향을 미칠지 생각하며 내 일을 진지하게 대해야 한다. 그리고 시청자분들은 사생활에서도 나의 일부가 되어 버린 존재이다. 그렇기에 언제 어디서든 함부로 행동할 수 없다. 빨리 대형 유튜버가 되고 싶은 마음에 자기를 포장했다가 네티즌들을 통해 실체가 알려지기라도 하면 유튜브 채널은 물론 남은 인생에도 좋지 못한 꼬리표가 붙을 수도 있다. 굳이 유튜버가 아니더라도 특정한 채널을 통해 조금 알려진 사람이 되었다가 학교 폭력이나 갑질이 드러나 한순간에 몰락한 사람이 너무 많다.

유튜브를 시작한 지 3년 차가 되었을 즈음 나는 시력이 나빠져 안경을 꼈다. 인공 눈물과 수면 유도제도 달고 살았다. 잠자는 중에 코피를 흘리기도 하고 심장이 너무 아파 119를 부를 뻔한 적도 있다.

'유튜버로 살기가 정말 힘들어요'라는 푸념을 하려는 것도, '나 정말 대단해요'라고 스스로 칭찬하려는 것도 아니다. 모든 직업, 그러니 어떤 일도 쉽지 않다고 말하고 싶을 뿐이다.

몸을 쓰는 일을 하는 분들은 많이 쓰는 신체 특정 부위에 탈이 난다. 사무직도 상사나 거래처의 갑작스러운 요구에 긴장을 늦출

유튜브의 정석

수 없어 극한의 스트레스 속에서 살아간다. 서비스직에 종사하는 감정 노동자들이 겪는 마음의 상처는 또 오죽할까! 대한민국 최고의 여성 멘토 김미경 소장도 가장 좋아하는 일이 사람들 앞에서 강연하는 일이지만, 가장 하기 싫은 일이 강연을 준비하는 것이라고 했다.

삶이 그렇듯 일에도 슬픔과 기쁨이 늘 공존한다. 그래도 우리는 일을 하지 않는 인생을 살 수 없다. 어떤 일을 할지 선택하기와 일에서 어떤 의미를 부여하기 정도가 우리가 할 수 있는 전부이다.

앞서 주절거린 단점이 있음에도 나는 지금 하는 일이 즐겁고 재미있다. 새로운 사람을 만나고 그들에게 매번 새로운 것을 배울 수 있기 때문이다. 그리고 그것을 나만 아는 데 그치지 않고 그 정보가 필요한 사람들에게 조금이나마 알려 줄 수 있어 더 의미가 깊다. 그것이 내가 이 일을 계속 이어 가고 싶은 이유이다.

운명을 바꾸는 진정성을 전하는 법
(말, 글, 행동)

● ▶

인터넷의 등장은 세상 많은 것에 영향을 주었다. 그중 사람 간의 소통 방식에 가장 크게 영향을 미친 듯하다. 직접 만나서 대화하고 판단하며 결정하던 시대가 지나고 온라인으로 동료와 일을 하고 생존에 필요한 물품도 산다. 밖에 나가서 무언가를 하지 않아도 되는 시대가 된 셈이다. 매일 사무실에 출근해서 일하던 풍경도 코로나 쇼크를 겪으며 보기 힘든 풍경이 되었다.

최근 소셜 미디어를 통해 클릭 한 번으로 친구를 사귀었다가 그 친구가 커뮤니티에 자기가 아직 보지 않은 드라마 내용을, 스포했다는 이유로 절교한 청소년의 이야기를 다룬 기사를 보았다.

친구를 사귀는 일도, 헤어지는 일도 온라인에서 시작해 온라인으로 끝난다는 이야기가 과연 현실인가 하는 생각이 드는 대목이다. 인터넷은 세계 모든 사람을 연결해 줄 수 있는 대단한 기술임은 분명하다. 그러나 인간성 결여를 초래하기도 한다.

기술 문명이 아무리 발전을 거듭해도 사람 간의 의사소통에 말과 글, 행동이 가지는 영향력은 여전히 강력하다. 인간이 기술을 더욱 발전시켜 현실과 구분이 힘들 정도로 리얼한 가상 세계를 구현한다고 해도 리얼리티는 우리가 사는 현실에 존재하기 때문이다.

소통 과정을 스마트폰, PC, TV 등 기계라는 매개체로 한 번 더 거쳐야 한다는 것은 무언가를 전달할 때 자기 진정성을 담는 데 더 노력을 기울여야 한다는 의미이다. 스마트폰 필터, 편집 프로그램과 같이 자기 이미지와 전달하고자 하는 진의를 가공할 수 있는 기술도 함께 발달했기 때문이다. 누군가를 소개받는 자리에 나갔는데 SNS에서 확인한 모습과 전혀 다른 사람이 있더란 이야기가 종종 들려온다. 가상 세계의 이미지와 실제 모습 사이의 차이를 아주 정확하게 표현한 예이다.

내가 영상을 만들고 구독자들에게 송출하는 일도 진심이 담겨야 호응을 얻을 수 있다. 출연 신청 메일을 보내는 분들도 출연하고 싶다는 마음을 간절하게 전해야 목적을 달성할 가능성이 커진다. 인터넷에 연결된 현대인들은 매일 쏟아지는 수많은 메일 중에, 눈에 띄는 제목이나 진정성 있는 내용의 글이어야 클릭해서 볼 것을 선택한다.

말과 글은 마음을 전달하는 배달부이다. 그것을 잘 사용하는 이는 성능이 매우 뛰어난 무기를 가진 셈이다.

유튜브 초창기에 있었던 뒷광고 논란은 유튜브 시장에 엄청난 파장을 일으켰다. 이 파장을 통해 누군가는 대중의 눈에서 사라졌으며, 새로운 인물도 등장했다. 한마디로 판이 바뀌었다. 유튜버뿐만 아니라 연예인, 기업인 등 유명인들도 물의를 종종 일으킨다. 그런 상황에서 누군가는 용서를 받고, 누군가는 더 큰 비난을 받아 다시는 돌아오지 못한다. 나는 그들의 사과 영상과 사과문을 찾아본 뒤 나름대로 해답을 내렸다. 그것은 그들의 영상, 글, 회견에, 진정성이 담겨 있느냐, 아니냐의 문제였다.

코로나 이전, 메르스 사태가 터졌을 때 삼성그룹 이재용 부회장의 사과문은 내게 강한 인상을 주었다. 특히 사과문에 있었던 '저의 아버님도 1년 동안 병원에 누워 계십니다'라는 멘트는 나뿐만 아니라 그 시기 국민 대부분이 가졌던 분노를 일순간 누그러트렸다. 혹시 아닐 수도 있겠지만 나는 그분이 진심을 담아 직접 그 사과문을 작성했다고 느꼈다.

사람이 잘못한 일로 누군가에게 사과해야 할 때 가장 먼저 할 일이 있다. 자기 잘못을 깊이 인지하고 받아들이는 것이다. 진심으로 사과하고, 다시 그런 일이 반복되지 않도록 깊이 반성해야 한다. 이것이 기본이다. 그런데 형식적으로 마지못해서 한다면 그저 변명에 지나지 않는다. 그런 변명문을 접하는 대중에게 대충 사과해도 된다고 착각하면 더 큰 오류를 범한다. 얄팍한 마음으로 대중을 속이려 드는 것은 자폭과 같다. 그러나 진심을 담아 자기 마음을 제대로 전달한다면 긍정적 반전을 거둘 수도 있다.

우리는 오랫동안 일관성 있게 행동하는 사람을 '한결같다, 끈기가 있다'라는 말로 칭찬한다. 말과 글, 행동은 따로 분리된 듯하지만, 굉장히 유사한 효과를 낼 수 있는 표현 도구이다.

촬영이 있는 날 나는 복장에도 상당히 신경을 쓴다. 특히 현장 업무 종사자를 인터뷰한다면 가능한 한 편한 복장으로 간다. 출연자분이 작업복을 입으시고, 출연자분을 촬영하다 보면 나 또한 눕거나 움직임이 커지는 일이 많기 때문이다. 더 중요한 이유는 출연자분이 내게 동질감을 가지게 하기 위해서다. 사소한 근황 토크가 대화 분위기를 부드럽게 하듯 복장 하나로 친근감이 생기기도 한다. 반대로 사무실에서 일하는 분을 만날 때는 깔끔한 정장 차림으로 간다. 진지하게 인터뷰에 임할 만한 사람이라는 인상을 주기 위해서이다.

상대방의 처지를 고려한 행동과 내가 타인을 존중하고자 하는 마음은 말과 글, 행동을 통해 나를 돕고자 하는 마음으로 돌아온다. 사람과 기회를 끌어당기는 것이다.

나는 무언가 하고 싶은 일이나, 만나고 싶은 사람이 생기면 그것을 이룰 수 있도록 해줄 수 있는 사람이 반드시 나타나는 경험을 많이 했다. 그런 일들은 주변 소개로 이루어졌다. 내가 그분들을 진정성 있게 대했기에 그분들이 내게 도움이 될 만한 일을 자발적으로 찾아 주었다고 나는 믿는다.

유튜브의 정석

불공평한 듯 공평한 삶의 알고리즘

● ▶

대한민국에서 워너비를 대표하는 단어 중 '상위 1%'라는 게 있다. 그리고 이 단어는 우리 현 사회를 조명한다. 상위 1%'가 되지 못한 99%의 사람들이 상대적으로 제 삶에 만족하지 못한 채 세상이 공평하지 못하다고 생각하며 산다는 증거이니 말이다. 그런 생각에 이를 때마다 나는 과연 평범한 사람들이 그토록 되고 싶어 하는 상위 1%의 사람들이 자기 생에 만족하며 행복으로 가득 찬 삶을 살아가는지 의문이 든다.

우리나라에서 가장 부자로 알려진 모 그룹 회장이 1년 반 수감 생활을 끝내고 집에 돌아오자마자 먹은 음식이 치킨이라고 한다.

그런 사건들만 봐도 부자들의 세상이 우리와 별반 다르지 않다는 사실을 알 수 있다. 그런데 왜 많은 사람이 그들은 특별하고 자신은 아니라고 생각할까? 이는 단지 돈이라는 프레임만으로 세상을 평가하다 보니 세상이 불공평투성이로 보이는 것은 아닐까 한다.

나는 이렇게 생각해 보라고 권하고 싶다. 삶에 가치 있는 여러 개를 나열한 뒤 그 리스트에 돈을 끼워 보라고 말이다. 예를 들면 건강, 인간관계, 성취감 같은 것 말이다. 그 사이에 돈을 넣어 본다면 세상에 공평한 것도 많이 있다는 사실을 알게 된다.

인생은 누구에게나 한 번뿐이다. 모두에게 주어진 시간이 똑같은 속도로 흐른다. 건설 현장에서 일할 때 목격한 빌딩 건축주 L그룹 회장은 자기 손에 먼지 하나 묻히지 않고 우리나라에서 가장 높은 빌딩을 지었다. 하지만 주름진 그의 얼굴을 보았을 때 나는 시간 앞에 모든 인간은 공평하다는 생각이 들었다. 그에게나 나에게나 하루는 24시간이며, 그 시간을 어떻게 사용할지는 각자 몫이다.

인생에서도 그렇다. 인생의 수치에 100%란 없다. 온전히 행복할 수도, 불행할 수도 없다. 누군가는 내 생각에 반박할지도 모른다. 힘 있고 돈 있는 사람들은 죄를 지어도 감옥에 가지 않기도 한다며 말이다. 하지만 나는 이 공평이라는 개념은 하나의 객체로 평가하거나 단기간에 대입할 문제가 아니라고 본다.

자식이 물의를 일으켜 자기 자리를 지키지 못하고 물러나는 우리나라 정·재계 인사의 예를 살펴보자. 자식 때문에 그 자리를 잃은 벌을 받았을뿐더러 자식의 삶이 불행의 굴레에서 벗어나지 못하는 고통도 함께 겪지 않는가. 자식의 불행한 모습에 마음 아프지 않을 부모란 세상에 없으니 그 얼마나 가혹한 형벌인가!

경제적으로 좀 더 유리한 조건에 있기에 먹고사는 문제만 일반인보다 나을 뿐이지 그들의 마음은 지옥일 가능성이 크다. 철학인플루언서 제갈건 님이 내게 해준 말이 있다.

'천망(天網)은 회회(恢恢)하나 소이부실(疎而不失)하다.'

도덕경에 실린 문장인데 하늘의 그물이 엉성한 듯하지만, 놓치는 법이 없다는 뜻이다.

세상이라는 관점에서도 할 말은 있다. 누군가는 새로운 성공을 이루고 누군가는 한순간에 나락으로 떨어지는 일이 지금도 세상 곳곳에서 일어나지 않는가.

나는 왜 저 사람처럼 안 되는 거냐며 세상이 원망스러울 수도 있다. 그러나 성공과 실패는 지금 어디선가 누군가에게나 일어나는 일이다. 단지 결심만 하는 당신에게 일어나지 않았을 뿐이다.

요즘은 자수성가가 너무 힘들어졌다는 데도 할 말은 있다. 유튜브나 뉴스, 각종 매체에서는 매일 새로운 성공자를 다룬 보도가 나온다. 업종도 다양하고 아이디어도 정말 신선하다. 특히 IT

처럼 새로운 시장이 형성된 곳에는 자수성가한 젊은 층 비율이 압도적으로 높다. 그런데 자꾸 상위 1%와 자기를 비교하니 세상이 불공평하다고 느낄 수밖에 없다.

그 누구도 내일을 알지 못한다는 것은 모두에게 공평한 조건이다. 그러니 남에게 일어날 수 있는 행운과 불행이 나에게도 일어날 수 있다고 생각해야 한다. 특별하지 않은 나에게 늘 행운만 있기를 바라며 불행은 절대 일어나지 않으리라 생각한다면 큰 착각이다. 행운과 불행은 인생의 여러 갈래에서 삶을 걷는 누구와도 만날 준비를 하고 있으니 말이다. 오히려 내게 아무런 일도 일어나지 않는 상황을 경계해야 한다. 그리고 일어난 일을 어떻게 마주하고 판단하고 행동하는지가 앞으로 펼쳐질 자기 삶을 결정하는 관건이 된다.

앞서 나는 인생의 가치 리스트에서 돈을 최우선에 두지 말라고 권했다. 그러나 그게 현실성이 없게 들릴 수도 있으니 돈을 리스트 맨 위에 둔 채로도 생각해 보자. 삼신할머니의 랜덤 게임에서 성공해 노력하지 않아도 태어날 때부터 엄청난 부를 손에 쥔 사람이 있다. 그러나 그 사람의 삶이 완전할 수 있을까? 그 사람은 아마도 자기가 좋아하는 일보다 부모 마음에 들 수 있는 일을 하며 살아야 할 것이다. 그것도 최선을 다하며 말이다. 형제가 있다면 부모의 인정을 더 받기 위해 형제와 경쟁하는 데 평생을 바칠

가능성이 크다. 부모가 보기에 그 사람이 자산을 물려받을 그릇이 안 된다면 또 어떨까? 결국, 부모가 죽어야 부모가 가진 것을 물려받을 수 있다. 현대 의학이 너무 발달한 탓에 좋은 시절 다보내 버린 백발 노인에게 막대한 부가 무슨 소용이 있을까? 게다가 그 사람의 자식에게도 같은 방식이 대물림된다.

언젠가부터 우리는 돈이 최고의 가치가 되어 버린 세상에 살고 있다. 돈만 많이 벌면 된다는 비틀린 정서가 범죄의 잔인성을 높이는지도 모른다. 그래도 돈이 최고라고 한다면 나도 더 이상 할 말은 없다. 그러나 부자들이 자기 목숨을 스스로 끊었다는 소식을 접하다 보면, 인생에서 돈이 유일하고 최고인 해결책은 아닌 것 같다.

모든 것이 충족되지 않는, 들여다보면 모두 작은 지옥 하나쯤은 마음에 두고 사는 것. 그게 바로 인생이다. 인간에게 평등하게 주어진……. 그래서 우리는 가능한 한 많이 행복해지려고 애써야 한다.

사실, 나야말로 세상이 불공평하다고 뼈저리게 생각해 온 사람이다. 그런 내 생각이 현재는 크게 바뀌었다. 왜 그렇게 되었냐고 누군가가 묻는다면 나는 쉽게 답하지 못한다. 사실 나조차도 그 명확한 계기를 알지 못하니 말이다. 그런 나조차도 한 가지만은 분명히 조언할 수 있다. 내가 남들보다 나은 부분이 무엇인지 깊이 생각해 보라는 것이다. 그러다 보면 불평등을 보는 시각을 바꾸는 데 도움이 되리라 믿는다.

거창한 것이 아니라도 좋다. 분명히 당신에게는 남들보다 뛰어난 무언가가 있다. 그리고 그 무엇인가를 발견하려고 노력하는 과정이 세상이 공평하다는 감정을 느끼도록 신이 곳곳에 심어 놓은 선물이다. 여러분은 인생 속에서 그런 것을 찾아내야 한다. 그 과정을 진실하고 성실히 이어 가다 보면, 분명 당신에게만 보이는 공평한 무엇인가를 발견할 수 있다.

돈보다 중요한 무엇인가가 있다는 꼰대스러운 이야기를 하려는 것이 아니다. 돈을 중요하게 여기되 정당하게 벌고, 버는 만큼 값을 치러야 자신에게 떳떳할 수 있다는 말을 전하고 싶을 뿐이다. 그래야 온전한 내 것이라고 말할 수 있으며 현재 성과를 내 힘으로 이루었다는 만족감은 그간의 노고를 행복한 추억으로 만들어 준다. 과거를 웃으면서 이야기할 수 있게도 한다.

내게만 주어진 선물을 발견하려는 노력을 통해 한 번뿐인 삶에서 나만 불행하다는 생각에서 벗어나자. 그리고 세상이 의외로 공평하다는 사실을 느껴 보자. 그것이 우리가 반드시 실행하고 누려야 할 삶의 알고리즘이다.

인생을 불행하게 하는
가장 간단한 방법

● ▶

구독자 중에는 내게 연락해 오는 분이 상당히 많다. 그중 유독 기억나는 장문의 카톡이 있다. 이제 막 스무 살을 넘긴 듯한 그분은 자기도 유튜브를 하고 싶은데 쉽게 결정을 내리지 못하겠다는 고민을 털어놓았다. 나는 '그냥 하세요'라는 짧은 피드백을 해주었는데 '그러다 망하면 뭐 해서 먹고살아요?'라는 답이 돌아왔다. 마치 20대 초반 내 모습을 보는 듯했다.

사람들은 새로운 무언가를 시도할 때 적잖게 겁을 낸다. 나는 그 이유를 지금 삶이 싫은데도 그 싫은 삶에 너무 익숙해져서라고 본다. 심지어 약간 안정감까지 느낀다. 혹여 다른 시도를 했다가 지금보다 더 나쁜 상황이 벌어질까 봐 두려운 것이다. 크든 작든 과거 트라우마가 발목을 잡는다.

프로이트는 '반복 강박' 이론에서 인간은 살아가면서 괴롭고 고통스러운 과거 상황을 반복하고자 하는 무의식적 관성이 있다고 했다. 그래서 나쁘지만, 익숙한 것을 선택하며 자기 인생의 나쁜 주도자가 된다고 했다. 나 역시 그랬다. 다행히, 나는 그 반복의 사슬을 끊었다. 막상 그 두려운 일들을 해보니 생각보다 내가 감당해야 할 일이 많지 않았다. 내가 희생해야 할 것은 도전에 들어간 시간 정도밖에 되지 않았으니 말이다. 게다가 실패로 단단해졌으며 더 많은 것을 배울 수 있었다. 그리고 실행해 보았기에 후회도, 미련도 없다.

선의의 경쟁 관계인 '휴먼 스토리'에 출연했을 때 이런 질문을 받은 적 있다.

"좋아하는 일과 하고 싶은 일 중에 무엇을 하면 좋을까요?"

나는 주저 없이 그런 고민을 할 시간에 둘 다 해보라고 대답했다.

시간이 없다는 말은 핑계일 가능성이 크다. 해보지 않은 것을 향한 두려움일 뿐이다. 시간은 얼마든지 만들 수 있다. 잠을 줄일 수도 있고 좋아하는 취미 활동을 나중으로 미룰 수도 있다. 고작 두려움 때문에 삶을 불만으로 가득 쌓은 채 지금에 머무르는 일

유튜브의 정석

이 더 안 좋다. 아니, 거의 최악이다.

조금 미안한 이야기지만 육체적으로 힘든 일을 하는 곳, 특히 건설 현장에는 불행해 보이는 분이 많은 듯하다. 그분들의 직업을 폄훼하려는 의도가 절대로 아니다. 내가 그리 생각하는 이유는 일을 대하는 그들의 태도 때문이다. 건설 현장 작업을 배정하는 인사권은 직영 반장이 가지고 있다. 내가 접한 직영 반장은 자기와 맺은 유대 관계, 친분 등을 고려하여 근무자를 배정했다. 반장과 친한 사람들은 마음 편히 빗자루질하며 하루를 보내는데, 그렇지 못한 사람들은 흙먼지가 휘날리는 곳에서 땀 흘리며 무거운 시멘트를 날랐다. 똑같은 일당을 받는데도 말이다. 그런 탓일까? 눈치 빠른 사람들이 직영 반장의 눈에 들기 위해 억지 미소를 지으며 온갖 애를 썼다.

예를 들어, 야간작업은 누구나 하고 싶어 하는 일이다. 초과 근무 시간이 짧은데도 일당을 더 받기에 '야간 고시'라는 말이 생길 정도로 경쟁이 치열하다. 그런데 열심히 일하는 사람보다 반장과 친분을 유지하며 '정치'를 잘했던 사람이 먼저 그 작업에 뽑혔다. 당시 현장에는 나보다 12살 많은 형이 있었는데, 늘 주머니 속에 사탕을 한가득 넣고 다녔다. 그리고 만나는 사람들에게 웃으며 사탕을 건네주었다. 반장이 보이면 한걸음에 달려가 고생이 많으시다며 등과 어깨 등을 주물러 주었으며 홍삼, 비타민, 박카스 등을 챙겨 주었다. 집에서 직접 헛개나무 차를 끓여다 주기도 했으며 돈을 빌려주기도 했다. 덕분에 그 형은 자기가 원하는 업무를 골라 일할 수 있었다. 당연히 야간작업에 투입되는 날도 많았다. 완공일이 다가올수록 현장은 인부 수를 줄였는데, 반장에게 술을 사거나 사비를 들여 커피믹스를 사 오는 사람이 점점 더 늘어났다. 시간이 지날수록 인간성도 적나라하게 드러났다. 구조 조정에서 살아남기 위해 경쟁자의 약점을 들추고, 험담하고, 편을 갈라 누군가를 모함해서 몰아내기까지 했다.

그 모습은 꼭 한 편의 드라마 같았다. 부당한 대우에도 부당함을 느끼지 않고 내가 살아남아야 한다는 마음만 가득한 아수라장. 오래 함께 일한 동료에게조차 냉정하기 그지없는 사람들.

먹고사는 문제가 그만큼 절실했기에 그들은 그랬을 것이다. 그리고 그 속사정을 속속들이 알지 못하는 내가 어찌 그들을 탓할까? 그런데도 그 상황을 지켜보노라면 쓸쓸한 마음을 금할 길이 없었다.

빌딩 건설이 거의 끝날 즈음 내 마지막 임무는 인부들을 위해서 설치해 놓은 간이 화장실 철거였다. 간이 화장실을 철거하려면 변기와 연결된, 오래된 오물 파이프를 잘라야 한다. 그래서 기계 톱으로 작업하다 보면 아직 소화되지 못한 썩은 현미, 잡곡, 각종 씨앗이 똥과 함께 온몸으로 튀었다. 사다리에 매달려 위를 보고 작업해야 했기에 얼굴에 떨어지는 똥과 오물을 피할 수도 없었다.

나는 그저 눈을 감은 채 일할 수밖에 없었다. 당시 나는 '피할 수 없으면 즐기라는 말을 어느 미치광이가 했지?' 하는 생각만 들었다. 텔레비전에 나와 잡곡밥과 현미밥이 몸에 좋다고 그렇게 떠들어 대던 의사들에게까지 짜증이 났다. '먹어 봐야 장에 흡수도 안 되는 잡곡이랑 현미를 왜 먹으라고 강요하지!' 하고 성질도 냈던 듯하다.

똥 벼락을 맞는 일이 나에게 좋은 일이었다면 기꺼웠겠지만 그렇지 않았기에 나는 불행했다. 실로 끔찍했다. 그리고 그 일이 건설 현장에서 내 마지막 일이 되었다. 나는 행복해지려고 돈을 버는데 행복을 팔아 가면서 돈을 벌고 있었던 탓이다. 나는 돈을 벌기 위해 불행해진 사람일 뿐이었다.

어떤 일을 할 때 돈 이외에 그 일을 하는 다른 이유를 찾을 수 없다면 한 번은 깊이 고민해야 한다. 내 삶을 불행하게 하는 가장 간단한 방법은 '이렇게 살기 싫다'라는 생각만 할 뿐 삶을 바꾸려고 노력하지 않는 것이니 말이다.

사람을 구분하는 법

● ▶

무언가를 하려는 젊은이들에게 어른들은 이렇게 조언하곤 한다.

"동업은 절대 안 된다!"

다른 나라 사정은 잘 모르겠지만, 우리 사회는 '동업'을 보는 인식이 절대적으로 부정적이다. 기회가 사람에게서 오는 것은 분명하지만 반대로 모든 것을 망치는 요인도 사람인 때가 많아서다. 오죽하면 '열 길 물속은 알아도 한 길 사람 속은 모른다'라는 속담까지 있겠는가.

관계는 일과 비즈니스에만 통용되지 않는다. 남녀 관계, 부모와 자식 관계, 친구 관계 등 목적이 다른 다양한 관계가 세상에는 넘치게 많다. 동업을 보는 부정적 인식이나 성현의 경구(警句)는 살면서 맺는 모든 관계가 그만큼 어렵다는 사실을 상징적으로 보여 준다. 게다가 요즘은 전혀 예상하지 못한 빌런이 곳곳에 등장한다. 그것만 봐도 사람을 구분하는 일이 무엇보다 중요해진 듯하다.

좋은 사람과 나쁜 사람을 어떻게 구분할 수 있을까?

둘 다 가능하다면 좋겠지만 나쁜 사람을 알아보는 방법만 알아도 크게 상처받는 일이 없으리라 본다.

내가 좋지 않은 느낌을 받았던 사람들은 항상 허황한 결과를 내보이며 자기를 포장하는 부류였다.

'주식으로 100억 원을 벌었어요. 수익 인증해 드릴게요.'

'비트코인에 100만 원을 투자해서 10억 원을 벌었어요. 연락해 주세요.'

이렇게 메일을 보내 자신에게 부자 이미지를 씌우는 사람들을 보면 나는 무조건 통장이나 등기 권리증 등을 보여 달라고 한다. 그런데 대부분은 그런 증거들을 내놓지 못했다. 그나마 보여 주는 사람들도 딱히 다르지 않았다. 자산이 여기저기 흩어져 있거나 명의가 여러 명이거나 대출 금액이 거의 자기 자산에 가까웠다. 그들이 자신에게 그런 이미지를 씌우는 이유는 단 하나이다. 그 이미지로 돈을 벌어야 하기 때문이다. 제 말을 믿고 강의를 들으러 온 사람들에게 받는 높은 수강료, 특정 상품에 같이 투자하는 투자금이 그들의 목적이다.

나는 20대 초반부터 돈을 많이 벌고 싶다는 꿈을 안은 채 성공한 사람들을 찾아다녔다. 그렇게 사람을 만나다 보면 '저런 사람이 성공해서는 안 되는데' 하는 씁쓸한 마음이 들게 하는 사람도 분명히 있었다. 시간이 흐른 뒤 안 사실인데 그중 다수가 구속되었다. 나쁜 사람들은 자기가 가진 것보다 더 많이 가졌다고 자기를 포장해 다른 사람들의 부러움을 산다. 하지만 그 포장은 곧 벗겨지기 마련이다. 숨겨진 민낯은 세상에 낱낱이 밝혀진다. 몇 년 전 '청담동 주식 부자'라는 타이틀로 방송에 자주 나와 자기 부를 자랑했지만, 결국 교도소에 간 그 사람이 대표적 예이다.

이십 대 후반, 국회에서 열리는 '청년 연설 대전'에 참가한 적 있었다. 당시 나는 국회 입구에서 홍길동 복장을 한 친구를 만났다. 그 친구 역시 나와 같은 행사에 참여한 청년이었다. 그 모습이 하도 신기해 나는 그에게 다가가 나이를 물었다. 나와 동갑이라는 말에 우리는 친구가 되었다. 그리고 그 친구는 청년 연설 대전'에서 '정의로운 사회를 꿈꾼다'라는 제목으로 발표했다.

그 친구는 이후에도 대한항공 사건이나 사회 전반에 여론이 좋지 못한 사건 보도 현장에 자주 등장했다. 몇 년 후에는 어느 정당 청년 위원장까지 되었다. 물론, 그 친구가 그간 쏟은 노력은 청찬하고 싶다. 다만 그 친구가 자신에게 씌운 '정의'라는 이미지가 자기 계획을 이루기 위한 필수 조건이었을 거라는 사실도 부정할 수 없다. 그저 정의로운 사회를 꿈꾼다는 그의 말이 진심이기를 바랄 뿐이다.

보통 사람은 계획하지만 좋지 못한 사람은 계산한다. 일도 사람도 그 계산기 안에서만 쓸모가 있을 뿐이다. 정치가나 연예인 같은 유명인들은 많은 사람 앞에서 화려한 모습으로 주목받곤 한다. 하지만 나는 그 모습이 그 사람의 참모습이라고 생각하지 않는다. 나를 바라보는 사람이 아무도 없는 곳, 그곳에서 아이와 노인 같은 약자를 만날 때 나오는 태도가 그 사람의 참모습이라고 생각한다. 그들과 눈높이를 맞추려 고개를 숙였는지, 눈빛에 사람을 향한 연민이 담겼는지 등등. 그런 요건이 그 사람의 성품을 평가할 수 있는 가장 중요한 사항이라고 믿는다.

내가 직접 만난 고수들은 정말로 요란하지 않았고 티 내지 않았다. 어설픈 사람들이 센 척을 하고 다른 사람을 무시하며 깔보고 뭉개려고 했다. 개들도 작을수록 더 크게 짖는다. 그것은 다른 개가 무서우니 소리로라도 위협을 가하려는 부풀린 행동이다. 어설픈 사람들의 센 척은 작은 개의 요란한 짖음과 다를 바 없다. 돈이 많을수록 검소하고, 강할수록 부드럽다. 항상 후줄근하게 입고 다니는 할아버지가 강남에 건물 몇 채를 가진 기업 총수였다는 이야기를 들어 본 적 없는가?

좋지 않은 사람들이 돈이 많은 티를 내거나 강하다고 자랑하거나 착한 척을 할 때는 저 사람이 왜 저럴까, 생각해 봐야 한다. 왜 그런 이미지를 심으려고 하는지 생각해 봐야 한다. 대부분 그 뒤에 검은 의도가 숨어 있을 때가 많다. 그러니 살면서 그런 이들을 피해야 한다. 좋은 사람과 좋지 않은 사람을 구분하다 보면 좋은 사람은 자기를 포장하지 않는다는 사실을 자연히 알게 된다. 그리고 자기를 있는 그대로 드러내는 것이 나에게도 가장 좋은 방법이라는 진리도 깨닫기 마련이다.

유튜브의 정석

기분을 전환하는 기술

●　▶

나는 직업의 가치로 많은 사람과 소통하고 싶었다. 그런 이유로 「직업의 모든 것」이라는 유튜브 채널을 운영한 지도 벌써 5년이 흘렀다. 그동안 채널은 꾸준히 성장했으며, 현재 꽤 많은 구독자가 생겼다. 어느 시점을 넘겼을 때는 「직업의 모든 것」에 출연하고 싶다던가 또는 누가 나왔으면 좋겠다는 제보를 꾸준히 받았으며, 하루 수십 명에게 메일을 받았다. 그 결과, 적어도 하루에 2명 이상 새로운 사람과 만나게 되었다. 보통 사람이라면 일 년 동안 만날 사람을 거의 한 달 만에 만나게 된 셈이다. 그리고 그 사람들과 에너지를 계속 주고받는다.

내가 만나는 모든 사람이 나와 같은 마음이면 좋지만, 그런 상황만 존재하지는 않는다. 그들에게서 많은 가르침을 얻고, 만남 그 자체만으로도 기분이 좋아지는 때가 있는가 하면 나를 단숨에 우울 모드로 바꿔 버리는 만남도 비일비재하다. 그럴 때마다 나는 어릴 적 좋아했던 포켓 몬스터 스티커를 스크랩한 책을 본다. 빨리 기분을 바꿔야 하기 때문이다. 그러지 않으면 좋지 않은 기분이 꽤 오래 이어진다. 그리고 그 기분은 하는 일에 영향을 주어 일을 망쳐 버린다.

단지 직업 특수성 때문만은 아니라고 나는 생각한다. 누구나 하루에도 수십 번씩 감정의 롤러코스터를 타니 말이다. 그때마다 기분 관리에 실패한다면, 일에 부정적인 영향을 미친다.

나의 어머니도 감정 기복이 심한 편이었다. 작은 일에도 불같이 화를 냈다. 그 어린 나이에도 내가 자기 배 아파 낳은 자식이 맞을까 하는 생각이 들 정도였다. 어떤 친구들은 돈이 많은 친구를 부러워했지만 나는 그런 적이 없었다. 돈이 부모가 해야 할 역할 전부를 대신할 수는 없다는 사실을 그때부터 이미 알고 있었던 탓이다. 그래서 사촌 동생의 말에 귀 기울여 주고 의견을 존중하는 온화한 작은어머니를 어머니로 둔 사촌 동생이 부러웠다. 사촌 동생이 되고 싶다는 생각도 종종 했다.

나는 어머니가 나를 함부로 대하는 태도가 싫었다. 그래서 전

역하자마자 외가부터 찾아갔다. 소주 한 병을 사 들고 가서 외할아버지, 외할머니께 술 한 잔을 따라 드리며 나는 선언했다.

"제가 죽을 때까지 여기 다시 찾아오는 일은 없을 거예요."

그 후 나는 어머니와 인연을 끊었다. 아버지와 형이 어머니와 연락하는 것과 상관없이 나는 10년간 연락을 끊었다. 물론 최근에 수술비를 내드렸기는 했지만 말이다.

기분에 관한 이야기에 내 어머니를 거론한 이유는 간단하다. 가족이라도 좋은 기운과 에너지를 주고받을 수 없다면 거리를 두라고 말하고 싶어서다. 외가에 찾아갈 당시 나는 서로에게 도움이 되지 않는 관계에 에너지를 쓰는 것은 낭비라고 생각했다. 천륜이라 불리는 부모 자식 관계라도 말이다.

내가 아는 어느 대표님의 이야기도 이와 비슷하다. 직원 한 명이 가족들 뒤치다꺼리하느라 자기가 내야 할 속도를 내지 못하더라는 것이다. 재능이 충분하고 성실하기까지 해서 대표님도 밀어주고 싶었지만, 자꾸만 에너지를 다른 곳에 쏟으니, 일에 실수가 생기더란다. 그리고 그 실수 때문에 자기를 폄훼하고 우울한 기분에 빠져 지내더니 결국 일을 포기했다고 한다.

방송과 책, 강연으로 유명한 타로 마스터 정회도 대표님은 지인을 통해 소개받은 검증된 사람만을 만나기 위해 노력한다고 한다. 그러나 그렇게 주의를 기울여도 가끔은 검증되지 않은 사람과 연결되기 마련이다. 그는 자기에게 나쁜 기운을 미치는 사람의 연락이라면 문자라도 지워 버린다고 한다. 그의 예에서 알 수 있듯, 사람에게 일어나는 모든 사건은 사람에서 출발한다. 나쁜 기운은 나쁜 기분을 함께 가져온다. 카톡이든 전화든 메일이든 말이다. 연결 주체는 모두 인간이고 연결 과정에서 좋은 사람과 그렇지 못한 사람, 좋은 에너지와 나쁜 에너지가 구분된다. 그런 구분을 잘해야 한다.

그보다 더 중요한 일도 있다. 자기가 무엇을 할 때 행복한 기분을 느끼는지 아는 것이다. 그래야 예기치 않게 다가온 나쁜 기분과 기운에서 빨리 벗어날 수 있다. 내가 포켓 몬스터 스크랩북을 보듯, 정 대표님은 경치 좋은 곳에서 커피를 마신다고 한다. 우리는 둘 다 나쁜 기분에서 탈출하고 전환하는 기술을 각자에게 적합한 방식으로 가지고 있었다.

타인의 마음과 에너지를 짧은 시간에 바꾸기란 불가능하다. 그러나 내 기분을 바꾸는 일은 그리 어렵지 않다. 행복한 감정을 느꼈다면 가능한 한 오래 그 기분을 느껴야 한다. 불쾌한 감정에 사로잡혔다면 가능한 한 빨리 거기서 벗어나야 한다. 그래야 좋은 인연으로 타인에게 다가갈 수 있다. 평정심이 깨진 상태에서 상대방에게 좋은 인상을 심어 주기란 매우 어려운 일이다.

내 경험상, 기분 관리에 능한 사람들은 각자 관리 방법을 잘 설계하며, 능숙히 이용했다. 집 안을 청소하기도 하고, 밖으로 나가 무작정 걷기도 한다. 햇살 아래 나가 조용히 음악을 듣는 사람도 있었다.

기분을 전환하겠다고 무리해서 자기에게 맞지도 않는 방법을 선택하지 말자. 그럴 때는 자기가 무엇을 할 때 기분이 나아지고 마음이 평온해지는지 관찰하자. 마음에 파장이 일었을 때는 짧게라도 벗어났다가 제자리로 돌아오면 된다.

가장 두려울 때 나타나는 진짜 나

● ▶

대한민국이라는 자유 국가에서 태어난 우리는 자유를 완전하게 누리며 산다고 생각한다. 그런데 어쩐 일인지 자기가 어떤 사람인지 제대로 깨달으며 사는 사람은 많지 않은 듯하다. 무엇을 좋아하고 어떤 일을 할 때 진정으로 기쁜지 잘 알지 못한 상태로 세상이 정해 놓은 길을 가려고만 한다.

세상이 10대에게 바라는 것은 오직 좋은 대학에 진학하는 일뿐이고, 20대에는 안정된 직장에 취직해야 하고, 힘겹게 취업에 성공하면 곧바로 결혼이라는 숙제도 따라붙는다. 한 번도 자기를 탐구해 보지 못한 채 '획일화된 정답'에 자기를 끼워 맞춰 살며, 지

유튜브의 정석

금처럼 사는 것이 맞는다고, 나는 제대로 살고 있다고 생각한다.

국가는 자유를 주었는데, 반대로 사회가 기준을 만들어 자유를 옥죄는 아이러니라니!

나는 이런 현실을 받아들이고 싶지 않았다. 대단한 재능이나 배경을 가지지도 않았지만 남의 이야기로 미리 판단하기보다 직접 겪어 가며 내가 누구인지, 어떤 사람인지 아는 것이 더 중요하다고 생각했다. 시키는 대로 고분고분하지 못하는, 고집스럽고 못된 성격 탓도 있다. 그래서 어린 고등학생이 겪지 않아도 될 아르바이트 해고라는 쓰라린 실패를 경험하기도 했다. 능숙했던 친구와 다르게 나는 미숙했다. 모든 게 두려웠다.

손님의 등장은 전쟁 영화에 나오는 적군 등장과 같았고 나는 두려움에 손을 벌벌 떨었다. 나는 분명 실수할 거라는 걱정은 무언가를 제대로 수행할 수 없도록 몸을 굳게 했다. 실수가 쌓일 때마다 내가 쓸모없는 인간처럼 느껴졌다. 집안의 가훈인 '꼭 필요한 사람이 되자!'와는 완전히 거리가 먼 사람이 되어 갔다. 그러나 그 경험은 아팠던 만큼 내가 작고 미약하다는 큰 깨달음을 가져다주었다. 이런 상태의 나라면 아무것도 해낼 수 없다는 깨달음은 학창 시절 지역의 성공한 어른들이 학교에 와서 한 어떤 강의보다 강력하게 나를 각성하게 했다. 내가 변해야만 하는 이유를 그때 경험이, 뼈아픈 고통으로 알려 주었다.

'내가 누군지, 어떤 사람인지 어떻게 하면 알 수 있을까요?'라는 질문을 받으면 나는 새로운 일을 해보라고 권한다. 낯선 환경에서 익숙하지 않은 경험을 하는 것이다. 난생처음 겪는 상황, 사물, 환경에 자기를 밀어 넣으면 자기가 어떤 사람인지 직면할 수 있다. 지구가 둥글다는 사실을 지구 밖에서 지구를 관찰하며 확신하게 되었듯 자기를 바깥에서 바라볼 기회를 얻게 된다.

집 안에 가만히 앉아 '나는 누구인가?'라는 질문을 백날 던져 봐야 답은 나오지 않는다. 집 밖의 나, 도움과 보호가 사라졌을 때의 '나'가 진짜 '나'이다. 괴롭고 난감하며 피하고 싶을 때, 또 행복하고 즐거울 때 나는 어떻게 반응하는지 관찰해야 한다. 어디서든 방법을 찾는 사람인지, 새로운 것을 찾아 나서는 사람인지도 확인해 봐야 한다. 그리고 그때 나타나는 자기 민낯을 보아야 '내가 어떤 부분에 영향을 많이 받는지' 알 수 있다.

모자란 부분을 반드시 고치라는 말이 아니다. 모자람 또한 사회가 정한 기준이다. 자기감정이 특정한 상황에서 어떻게 반응하는지 알아야만 괜찮은 감정을 유지하는 쪽으로 삶의 방향을 정할 수 있다는 이야기다. 늦게나마 '내가 누구인지' 알고 싶다면 조금은 극단적 상황에 자기를 놓아 보자.

최근 유행하는 MBTI만 해도 16가지 유형이 있으며, 혈액형, 사주팔자 등 사람을 종류로 나누어 놓은 것은 너무 많다. 인간이 모

유튜브의 정석

두 다르다는 전제 때문에 만들어진 것들이다. 어떻게든 공통점을 찾아 통계화하기 위해서 말이다. 하지만 새로운 경험을 통해 남들과 차이점을 찾아내는 일은 개인의 인생에 엄청난 가치를 가진다. 수많은 선택지 앞에서 내게 맞는 것을 찾아내거나 새로운 무언가를 만들어 낼 수 있는 능력이 생기기 때문이다.

앞으로 어떻게 자기 시간을 보내야 하는지가 조금은 선명해지면 '친구 따라 강남 가듯', '다들 그렇게 하니까' 하는 마음으로 무언가를 선택하지 않는다. 이런 과정을 거치고 선택한 일이라면 약간 부침이 있다고 쉽게 그만두지도 않는다. 자기 선택을 존중하게 되면 '행복'이라는 단어 앞에 늘 기가 죽거나 왠지 부끄러운 마음은 들지 않을 것이다. 바닥을 치던 자존감은 내가 누구인지 정확하게 알게 되는 순간 반등한다는 점을 모두가 알았으면 좋겠다.

행운을 다루는 기술

● ▶

유튜버에 오랜 기간을 투자해도 성과가 나지 않는 일은 비일비재하다. 구독자를 많이 확보하는 채널로 자리 잡는 사람보다 그러지 못하는 사람이 훨씬 많다. 그런데 나는 채널 이름이 알려지는 데 채 6개월이 걸리지 않았다. 초반 영상들이 갑작스레 관심을 많이 받았고 초창기 올렸던 영상들이 유튜브 홈페이지 상단에 유튜브 추천 크리에이터로 채널이 노출된 덕분에 무척 빠르게 성장했다.

유튜브 채널을 운영하던 초반, 기억에 남는 일이 하나 있다. 아마 내가 죽을 때까지 잊을 수 없을 듯하다. 절에도 직급이 있다면 말단 스님, 그러니까 나이가 젊은 스님을 인터뷰했을 때이다.

그때 나는 '스님 연봉은 얼마인가요?'라는 섬네일 제목으로 영상을 업로드한 후 며칠이 지났을 때 머리도 식힐 겸 영화를 보러 갔다. 942만 관객을 동원한 「엑시트」라는 영화였다. 스트레스 풀기에 딱 좋은 영화라 선택했는데 첫 장면을 보자마자 소름이 돋았다. 신입 사원 최종 면접에 떨어진 주인공이 아는 형을 만나러 간 장면이었다. 놀랍게도 그 선배는 '스님 연봉'을 검색하고 있었다. 그 검색 장면이 스크린에 떠오르자 이게 무슨 일인가 싶었지만, 올린 영상 반응이 어떨지 은근히 기대되었다. 영화를 보고 나와 영상 조회 수를 검색하니 40만이 너머 있었다. 며칠 후 스님이 주지 스님에게 혼쭐이 난 탓에 지금은 그 영상을 볼 수 없게 되었지만 말이다. 이는 내가 부정적 인간에서 긍정적 인간이 되는 큰 전환점을 맞이한 사건이었다.

50만, 100만 구독자를 보유한 채널에서 그 정도 조회 수는 당연하다. 그러나 그때 「직업의 모든 것」 채널 구독자는 3만 명이 채 넘지 않았다. 그러니 가히 기적이라고 해도 과언이 아니었다.

앞서 나는 노력의 임계점과 관련해 이야기했다. 속이 보이지 않는 컵에 노력이라는 물을 부으면, 물이 넘치기 전까지는 아무도 물을 보지 못한다. 그러나 물이 컵의 수용량을 벗어나 컵에서 넘치면 사람들은 그 물을 볼 수 있다. 넘친 물은 더 많은 사람이 알 수 있도록 멀리 흘러간다.

나는 불운이 행운으로 바뀌는 데도 임계점이 있다고 생각한다. 만약 모든 인간이 불운과 행운을 일정량으로 동시에 부여받는다면 빨리 불운을 겪어 소진해 버려야 한다. 그래야 행운으로 더 빨리 나아갈 수 있기 때문이다. 그런 맥락에서 보자면, 유튜브에 동기 부여 채널이 인기가 많은 이유를 알 수 있다.

젊은 성공자들이 나와서 공통으로 말하는 바는 '지금 성공을 위해서 얼마나 많은 실패를 겪었느냐'이다. 그리고 끝이 없을 듯한 바닥을 경험했다는 일화도 자주 등장한다. 그리고 그런 실패와 어려움이 지금 자기를 만들었다고 그들은 입을 모아 말한다.

그들의 이야기는 운을 보는 내 관점에 꼭 들어맞는다. 실패라는 경험으로 불운을 충분히 겪은 그들은 실력자라는 이름으로 오래도록 지금 성공을 유지하리라 본다. 실패는 삶의 모든 면에서 밀도를 높이는 긍정적 역할을 하기 때문이다.

몇 해 전 미국 유명 록밴드 리더가 행운에 관한 이야기를 했다. 나는 그의 말이 참 인상적이었다. 그는 19살에 의대에 합격해 안정적인 삶을 택할 수 있었다. 그러나 입학 전에 잠시 놀러 간 녹음실에서 짧은 녹음을 했고, 거기에 강한 희열을 느껴 음악인으로 삶의 방향을 바꾸었다고 한다. 그런데 40대 중반까지 그는 무명 가수에서 벗어나지 못했다. 그는 심한 생활고를 겪어야 했고 자기 음악이 인정받지 못한다는 사실에 괴로워하며 살았다. 그런데 40대 중반, 갑작스럽게 주목받아 크게 성공했다.

그는 그 후 토크쇼에 출연했는데, 사회자는 그에게 엄청난 어려움을 겪으면서도 음악을 끝까지 포기하지 않은 이유를 물었다. 그러자 그는 이렇게 대답했다.

"나는 행운을 받기 위한 줄에 끝까지 서 있었을 뿐입니다. 기다리다 보면 내 순서가 분명히 오리라 생각했기에 그 줄에서 벗어나지 않으려고 했고요. 그 줄에서 벗어나는 순간 나는 제일 뒤로 가야 하고, 줄의 맨 앞에서 행운을 주려고 기다리는 신에게 다가가는 시간이 다시 원위치로 돌아갈 것 같았어요."

그는 무대라면 크고 작음을 가리지 않고 올랐다. 그리고 흥행하지 못한 많은 곡을 쉬지 않고 발표했다. 그사이 멤버도 수십 명이 바뀌었고, 밴드 성공에 모두가 회의적이었다. 그런데도 이 기적 같은 일이 발생한 것이다. 음악 전문 잡지 인터뷰 요청이 쏟아졌고 그간 알려지지 않았던 곡까지 전부 위대한 곡으로 재평가받았다. 자신에게 주어진 불행을 모두 소진하자, 기다렸다는 듯 행운이 찾아왔다는 그의 이야기를 들으며 내가 가진 생각이 맞는다고 확신했다.

최근 나는 그간 성공에 이르지 못한 경험들이 좋은 운으로 전환되고 있지는 않나 하는 생각을 가끔 한다. 그리고 갑작스레 빛

났다가 소리소문없이 사라지는 사람들을 보면, 그들이 실패하는 시간을 충분히 채우지 못해 그럴지도 모르겠다고 짐작하기도 한다. 선물처럼 찾아온 행운을 너무 함부로 다루어 달아나 버린 거라고 말이다.

일로도, 사적으로도 만남 요청이 많아진 요즘, 나는 사람을 만나는 데도 상당히 주의를 기울인다. 웬만하면 내가 아는 사람이 소개해 주는 검증된 사람을 만나려 하고 어떤 사람을 만나도 조심스럽게 대한다. 상대방에게 기분 나쁜 사람보다 좋은 사람으로 기억되도록 많은 주의를 기울이고 있다. 일 이외의 과도한 욕심은 되도록 내려놓으려고 하고 오랜 인고 끝에 찾아온 운에 영향을 미칠 듯한 행동은 거의 하지 않는다. 잘난 척, 기고만장하면 금방 사라져 버릴 듯해서다.

애쓴 만큼 소중하고 오래도록 곁에 붙잡아 두고 싶은 마음이 간절하다. 쉽게 얻은 것을 가볍게 대하는 태도와 완벽하게 다르다. 행운을 소중히 대하면 그만큼 오래 머물 수밖에 없다.

'힘들 때 우는 자는 삼류, 힘들 때 참는 자는 이류, 힘들 때 웃는 자가 바로 일류'라고 어느 연예인이 말했다.

부디 불운과 싸우지 말고 친구가 되면 좋겠다.

불가능에서 기회를 얻는 법

● ▶

나는 장사를 해야겠다는 마음을 먹자마자 주저 없이 실행했다. 그리고 장사라는 경험을 통해 알아야 할 것을 체득했다. 그러다 보니 내가 진정으로 하고 싶은 일은 사람 앞에서 이야기하는 강연이 아닐까 하는 생각이 들었다. 무대에서 많은 사람을 앞에 두고 자기 이야기를 풀어내는 그 모습이 너무 멋있었다. '어떻게 하면 나도 강연을 할 수 있을까?' 하는 강한 욕망으로 가득해졌다.

세상에 존재하는 모든 것에는 완전히 다른 양면이 있으며, 그것이 서로 등을 맞대고 있는 듯하다. 그동안 겪어 온 수많은 좌절과 거절에 내성이 생기자, 두려움이 사라졌으니 말이다. 오히려 실행하지 않는 나를 향한 실망이 커졌다. 그래서 어느 순간 누군가에게 호기심이 일거나, 어떤 사람에게 질문이 생기면 나는 무조건 그 사람을 찾아다녔다. 마이크 임팩트 '청춘 페스티벌'의 짧은 강연이 나를 사로잡았기에 나는 그 강연자를 만나고 싶었다. 그래서 메일을 보냈는데 답장이 없어서 만날 수 있는 곳을 찾아보니, 그분이 교통방송에서 프로그램 진행자로 활동한다는 사실을 알아냈다. 일단은 그 건물에 들어가야 했는데, 마침 그때 방송국에서 공개 방송 일정이 떴다. 동기 부여 강연가로 유명한 김창옥 강사의 강연에 방청 신청을 한 나는 교통방송 건물에 들어갈 수 있었다. 물론 강연은 근사했다. 내가 누군가를 만나고자 한 목적을 잊어버릴 정도로 감동적이었다.

녹화가 끝나자, 프로그램 연출팀에서 방청객 몇 명을 대상으로 강연이 어땠는지 인터뷰할 신청자를 받았다. 나는 냉큼 달려가 내가 인터뷰를 잘할 수 있으니 내가 만나고자 하는 그분을 만나게 해 줄 수 있냐고 역으로 제안했다. 그러자 스태프 한 분이 대답했다. 만나게 해 줄 수는 없지만, 그분이 자주 가는 순댓국집을 알려 줄 수는 있다고 말이다. 나는 그것도 좋다며 흔쾌히 인터뷰하고 나왔다. 그리고 순댓국집에 가서 일하시는 아주머니에게 간절히 부탁했다. 사진을 보여 주며 이분을 정말로 만나고 싶은데 혹시 이분이 오면 내게 전화를 꼭 좀 해 달라고 말이다. 전화번호를 남겼지만, 당연히 연락은 없었다. 아주머니는 그 사람이 누구인지도 잘 몰랐을 테니 어찌 보면 예정된 결과였다. 그러나 나는 내가 할 수 있는 또는 해야 하는 한도 내에서 최선을 다했기에 후회는 없었다. 그저 내가 할 수 있는 다른 일을 찾아볼 뿐이었다.

'양손을 주머니에 넣고 있으면 성공의 사다리에 오를 수 없다'라는 말이 있다. 아무것도 하지 않는 사람에겐 아무 일도 일어나지 않는다는 의미이다. 배는 항구에 있을 때 가장 안전하지만, 항구에 정박하려고 만들어지는 배는 없다. 배는 넓은 바다로 나가 거친 파도를 만나면서 대양을 건널 때 비로소 배를 만든 목적이 완성된다. 어떤 일이든 새로 시작한다면, 혹은 정말 성공하고 싶다면, 그 분야 실력자를 찾아야 한다는 게 내 생각이다. 학교에서는 가만히 앉아 있으면 선생님이 알아서 다 설명해 주지만, 사회는 아니었다. 주머니에 손을 넣은 채 하고 싶다는 마음만 있는데, 누가 친절하게 사다리를 갖다주겠는가. 누군가에게 물어서 사다리를 구해야 하고 그것도 안 된다면 내가 사다리를 만들어야 한다. 내가 가만히 있는 한 그 분야 전문가를 만날 수 없고, 노하우를 배울 기회가 없다. 배우고 싶다면 직접 찾아가야 하고, 문을 두드려야 한다. 행동하지 않으면 어떤 일도 일어나지 않는다.

나는 강연을 하고 싶었지만, 학벌도 좋지 않았고 경험도 없었다. 그러니 갑자기 나를 강연자로 쓸 곳은 아무 데도 없었다. 그래서 강연자로 활동하시는 모 대학 교수님을 찾아갔다. 장사를 배울 때와 마찬가지로 솔직하게 이야기했다. 강연을 배우고 싶다고. 하지만 나는 지금 백수고 학벌도 좋지 않다고 이야기했다. 그때는 유튜버를 할 때도 아니었다. 하지만 나는 내가 교수님께 작게나마 드릴 것이 있다는 사실을 어필했다.

"교수님, 제가 잘하는 건 무작정 찾아가 제 목적을 요청하는 거예요. 그거 하나는 자신 있습니다."

나는 이 장점을 살려 교수님 책의 홍보를 도와드리겠다고 했다. 내 어떤 점에 믿음이 갔는지는 지금도 잘 알 수 없지만, 교수님은 강연장에 나를 데리고 다니셨다. 나는 내 인생에서 두 번 다시 없을 기회라고 생각했기에 교수님 강연을 집중해서 관찰했다. 강연하는 사람의 말투, 제스처 그리고 강연 대상에 따라 스타일이 어떻게 바뀌는지도 놓치지 않았다. 강연에 관한 교수님의 모든 것을 배우려고 했고, 집에 와서는 그분을 따라 하고 흉내 냈다. 당시 교수님은 책도 출간하셨는데 그 책을 갖고 다니면서 기업 교육 담당자들과 유명인들에게 많이 전달했다. 교수님 강연이 왜 필요한지 열심히 홍보했다. 교수님과 한 약속을 지키기 위해서 말이다. 그때가 2017년 이었는데 3~4년이 흐른 후에도 강연 요청 전화가 나에게 올 정도로 최선을 다했다.

나는 하고 싶고 궁금한 것이 생기면 누군가를 찾아갔고, 거침

없이 질문했다. 하지만 나의 방식이 절대 진리라고 말하기는 항상 조심스럽다. 우리는 모두 태생도, 성격도 다르며, 일을 받아들이고 처리하는 방식도, 처지도 다르기 때문이다. 그러나 지금 앉은 자리에서 얻어지지 않던 것들이 시간이 지난다고 갑자기 툭 떨어지는 일은 없다고 확신한다. 원하는 것이 있다면 그것에 최대한 가까이 가려고 노력해야 한다.

누군가에게 불가능은 말 그대로 불가능한 일이다. 하지만 누군가는 그 불가능 속에서 기회를 찾는다. 그러면 불가능은 더 이상 불가능한 일이 아니다. 그리고 더 큰 불가능을 가능하게 한다. 불가능 앞에서 주머니에 손을 넣고 가만히 바라만 보고 있을 것인가? 아니면 그 불가능을 뛰어넘을 사다리를 만들 것인가?

선택은 여러분 손에 달려 있다. 지금 당장 주머니에서 손을 꺼내고 한 발짝 움직여 보자.

자기 삶에 마음을 다하는 것은
자기의 굳은 마음을 녹이는 일

●　▶

스무 살의 나는 불공평한 세상을 향한 불만으로 가득했다. 태어
난 환경 불만, 사회의 불공정함을 향한 원망 등등.

　나는 세상 모든 것에서 부정적인 면만 보았다. 20대만의 문제
가 아니었다. 어릴 때부터 형성된 열등감은 오래된 친구처럼 내
곁을 떠나지 않았다. 남들보다 가난했던 유년, 불안한 청소년 시
절을 보낸 탓에 나는 그 틈새를 채워야 한다는 강한 생각에 사로
잡혀 있었다. 그러나 그런 이유가 물론 내게 부정적인 영향만 끼
치지는 않았다. 그 덕분에 나는 그때의 상황을 피하거나 외면하
지는 않으니 말이다. 나는 내가 할 수 있는 일에 최선을 다했고,

더 할 수 있는 무언가를 찾아다녔다.

물론, 세상이 어디 뜻대로만 되던가!

내가 원하던 목표는 쉽게 손에 들어오지 않았기에 당시 내 마음은 참으로 공허했다. 노력보다 비루한 결과가 주는 실망감은 나를 비관적인 태도에 머물게 했다. 내 삶에 최선을 다해도 자꾸만 목표는 내게서 한 발짝씩 물러나는 듯했다. 그러다 보니 세상과 타인을 보는 내 마음에는 불신만이 쌓여 갔다. 오죽하면 가까운 가족인 작은아버지까지 "넌 왜 그렇게 세상을 나쁘게만 바라보니?"라고 여러 번 말씀하셨을까!

그래도 나는 좌절로 나를 주저앉히지는 않았다. 내 삶을 바꾸고 싶다는 마음이 더 강했기에 실망의 순간에도 다시 도전을 이어 갔다. 당시 내가 할 수 있는 것은 그저 최선을 다하는 일, 그뿐이었다.

포기하지 않고 계속해서 무언가를 하다 보니 조력자가 하나둘 나타났다. 장사를 시작할 때 많은 도움을 주신 권 사장님은 자기 자리를 내주었을 뿐만 아니라 장사하는 법도 자세히 알려 주셨다. 노점 앞에 있던 약국 약사님은 더운 여름, 언제든 약국에 들러 시원한 냉수를 마시라고 하셨으며, 노래방 사장님은 재고를 보관할 수 있도록 창고 일부를 쓰게 해 주셨다. 강연을 하고 싶어 찾아간 교수님은 특별히 나를 곁에 두어야 할 이유가 없었음에도 강연 노하우부터 인생 조언까지 아끼지 않으셨다. 사람을 어떻게 대해야 하는지, 내가 꼭 가졌으면 하는 태도도 친절히 알려 주셨다. 유튜브를 시작한 지 한 달 정도 되었을 때 만난 세탁소 사장님은 지금도 응원 문자를 보내 주신다. 혹시 내게 좋은 일이 생기기라도 하면 어떻게 아셨는지 내가 좋아하는 케이크까지 선물하시니 실로 감사할 따름이다.

한때 나는 그분들의 도움이 의아해서 여쭈어보았다.

"저는 그저 제 인생에 최선을 다할 뿐인데, 왜 이렇게 저한테 잘해 주세요?"

그분들의 대답은 대략 비슷했다.

"열심히 사는 해수 씨를 보면 기분이 좋아져요. 내 어릴 적 모습도 생각나고 그냥 도와주고 싶어져요. 그러니 해수 씨가 정말 잘되었으면 좋겠어요."

구독자가 300명 정도 되는 초창기에 만나 지금까지 좋은 인연을 이어 오는 다른 분도 있다. 어떤 직업을 인터뷰할지 고민하던 중 세무사라는 직업이 눈에 들어왔다. 나는 페이스북을 검색해서 세무사를 찾아봤다. 그리고 눈에 들어온 한 분에게 전화를 걸어 인터뷰하고 싶다고 말했다. 연락을 받은 세무사님은 채널명을 묻더니 어이없다는 말투로 일단 한번 오라고 하셨다. 당시 내 채널 구독자 수가 너무 적었고 영향력이 없다고 판단하셔서 그러신 듯했다. 인터뷰하는 것이 가장 큰 목적이었기에 세무사님의 그런 반응을 나는 개의치 않았다.

다음 날 세무사님을 뵈었을 때 그분의 반응은 뜻밖이었다. 세무사님은 내게 비싼 한우를 사 주셨을 뿐 아니라 포기하지 말고 열심히 하라며 어깨를 두드려 주시기까지 했다.

지금 그 세무사님은 내 담당 세무사가 되셨다. 그리고 나는 내가 만나는 많은 사람을 그분께 소개하곤 한다. 이제는 둘이 만나면 서로 한우를 사려고 드는 따뜻한 관계가 되었다.

지금 와서 생각해 보면 20대 초반의 나를 버티게 한 것은 오기와 욕망이었다. 지금처럼 살고 싶지 않다는 욕망, 누구보다 빛나고 싶다는 욕망이 오기라는 이름으로 그때의 나를 지탱한 듯하다. 그러나 당시 내 미간 주름은 점점 깊이를 더해 가고 있었다. 부정적 정서가 그 아래에 깔린 탓이었다. 삶을 바꾸려면 엄청난 고통을 이겨 내야 한다는 사실을 몸소 느끼고 있었기에 그 마음을 쉽게 떨치기 힘들었을 것이다. 그러나 내게 도움을 주는 분들이 점점 늘어나면서 조금씩 마음에 변화가 일었다. 나같이 어려운 상황에서 성공했다는 이야기에서 나도 그럴 수 있을지도 모른다는 희망을 발견했다. 그런 일이 늘어날수록 거울 속 내 얼굴도 변해 갔다. 짜증과 분노는 사라져 가고, 그 빈자리를 엷은 웃음이 채우고 있었다. 마음이 긍정적으로 변하자, 용기가 생겨났다. 사소한 실패에 낙담하지 않는 태도는 자연히 따라왔다.

시간이 많이 지난 지금은 내게 도움을 요청하는 분들도 생겼다. 인생 상담을 청하는 어린 친구들부터 유튜브라는 플랫폼에 뛰어든 초보 유튜버들까지 내게 메일을 보내고 전화를 건다. 내가 받은 선의를 그들에게 반드시 돌려주어야 한다고 여기기에 나는 그들의 말에 최대한 귀를 기울인다. 그리고 내가 도움이 될 만한 일이라면 주저 없이 실천한다. 사무실로 초대해 유튜브 컨설팅을 해 주거나 부족해 보이는 장비를 사서 선물하는 등등.

나는 이런 식으로나마 그때 내가 받은 도움을 나와 같은 사람에게 돌려주고 있다. 자기 인생에 마음을 다하는 것은 세상과 자기를 향한 분노와 억울함으로 굳은 마음을 녹이는 과정이다. 그런 과정은 마음을 점점 밝은 쪽으로 돌려놓는다. 내게 전화와 메일을 보내는 그들의 굳은 마음을 조금이라도 녹여 줄 수 있다면 나는 충분히 만족한다.

자기 삶에 최선을 다한다면 도움은 어디에나 존재한다는 사실을 알았으면 좋겠다. 내가 그랬고 내가 만난 많은 선배 성공자가 그랬으니 말이다. 그리고 그런 노력은 삶을 점점 더 나은 방향으로 흘러가게 한다. 인생이 달라지는 이유는 돈을 많이 벌 거나 지위가 높아져서가 아니다. 삶을 대하는 태도가 달라지기 때문이다.

누구나 알지만 아무나 하지 않는
인생의 해답

● ▶

정도의 차이가 있을 뿐, 욕망이 없는 인간은 없다. 인간으로 태어난 이상 모두가 하고 싶은 것, 되고 싶은 것이 있다. 우리는 그것을 꿈이라고도 하고 목표라고도 부른다. 반면, 같은 생명체인 동물의 삶을 보면 참 단순하다. 배가 고프면 먹고 잠이 오면 자고 종족 보존 본능에 따라 새로운 생명을 세상에 내놓고, 수명이 다하면 생을 마감한다.

신이 만든 생명체 중 가장 복잡한 것이 인간이다. 각자 욕망이 다르고 시시각각 변하기도 한다. 그런데 요즘은 이런 욕망을 욕망하지 않는 시대가 된 듯해 안타깝다.

한창 꿈꾸는 나이에 하고 싶은 일이나 되고 싶은 것이 생기면 대부분 이렇게 한다. '어떻게 해야 그것을 이룰 수 있을까?' 하는 질문을 하고 답을 찾기 위해 서점을 가서 책을 읽거나, 목표를 이미 이룬 사람의 성공담을 찾아보거나, 마음을 더 굳게 먹으려고 뼈 때리는 동기 부여 영상을 틀어 놓은 채 한껏 열정을 불태우기도 한다.

이 열정이 쭉 이어지면 좋겠지만, 대개 식어 버린다. 선배들이 들려주는 해답이라고 해 봤자 특별할 게 없고, 뻔한 대답이라서다. 그걸 깨달을 때마다 정답을 알려 주지 않아 포기한다는 합리화에 빠진다. 그러다 보면 애써 꾸었던 꿈은 일상이라는 문제 뒤로 밀려난다.

최근, 내 또래 유튜버나 사업을 하는 사람들과 이 문제를 논의한 적 있다. 지금 자리까지 올 수 있었던 원동력이 무엇인지 각자 경험과 생각을 얘기해 보았다. 우리도 어린 시절 자신과 타인에게 한 질문을 떠올려 보고 어떤 해답을 찾았는지도 빠뜨릴 수 없었다. 그때 나온 얘기는 보통 이러했다.

'긍정적인 생각.'

'생각하면 실천하는 실행력.'

'남 탓하지 않기.'

우리는 직업도 달랐고 걸어온 길도 달랐다. 장래 목표도 제각 각이었다. 심지어 지금 당장 새로운 도전을 해도 전혀 이상하지 않을 만큼 젊었다. 그런데도 우리 해답은 마치 꼰대 집합체처럼 뻔했다.

더 재미있는 사실은 따로 있다. 민망할 정도로 이 뻔하고 별것 없는 정답 이외에 더 좋은 해답이 없다는 결론에 우리가 동의했 다는 사실이다.

내게 성공은 부자가 되는 것이었다. 대한민국은 입 밖으로 돈 이야기를 꺼내기 꺼리지만, 나는 '성공=돈'이라는 강한 믿음으로 살았다. 그래서 내가 만난, 성공한 것처럼 보이는 모든 사람에게 "제가 성공하려면 어떻게 하면 좋을까요?"라고 물었다. 성공하는 데 필요하다면 거침없이 도전했고, 나의 스펙으로 만들려고 노력 했다. 건설 현장 일일 노동자로 일할 때는 술을 마시러 가는 동료 들을 뒤로하고 스피치 학원에 다녔다. 대중 앞에서 말하는 기술 을 연마하기 위함이었다.

강의를 듣는 중에 성공하려면 책을 써야 한다는 강사님의 말에 망설임 없이 책 쓰기 강좌에 등록했다. 몇 달간 책 쓰기 강좌에서 배운 바를 토대로 원고를 썼다. 집필 과정은 고되었지만, 첫 책도 출간했다. 강연자가 되겠다는 내 목표에 한 발 더 가까이 다가가 는 과정이었다. 출간 후 첫 강연을 제안받자, 일면식 없는 전문 강사를 찾아갔다. 그리고 그분을 따라다니며 강연하는 법도 배웠다. 유튜브를 하기로 했을 때는 계정을 바로 개설했다. 어설픈 실력으로 촬영과 편집을 해서 첫 영상을 올리기까지 2주가 채 걸리지 않았다. 나는 모든 일에, 아니 성공하고자 하는 나 자신에게 마음을 다했다.

그날 모인 다른 사람들도 구체적 행동의 종류만 달랐을 뿐 나와 거의 같은 행보를 거쳐 왔다. 답은 누구나 알고 있듯 단순한데 실천은 아무나 하지 않는다는 사실만 더 명확해졌다. 그만큼 어렵고 고통스러워 쉽게 발을 옮기지 못할 뿐이다.

물론 나은 환경에 있기에 일반인이 얻고자 하는 것을 쉽게 얻는 또래도 있다. 그러나 그들도 지금 가진 게 아닌 다른 것을 원한다면 상황이 달라진다. 그들이 구해야 하는 해답 또한 지금 우리가 낸 결론과 크게 다르지 않다고 나는 확신한다.

누구나 알지만 아무나 하지 않는다는 말. 이는 그만큼 무언가를 이루려면 고통과 어려움이 따른다는 뜻이다. 무식하면 용감하다는 말처럼 짐작조차 하지 못하면 그냥 덤비게 되어 있다. 그런데 현대 사회 또한 그리 호락호락하지 않다. 시스템적으로도 꿈을 이루기 힘들다는 정서가 팽배하고 정보도 넘쳐나서 경쟁이 너무 치열하다. 그래서 겁부터 먹게 되는 것은 당연하다.

세상이 아무리 변해도 성공 기본기는 달라지지 않는다. 다만 누가 용감히 실행하느냐가 다를 뿐이다. 노력으로 자기 목표에 이른다면, 꿈을 이루는 것이고, 생각처럼 안 되었어도 후회 없는 경험이 남는다. 그리고 다른 도전을 할 때, 두려움이 없어진다.

인생을 바꾸고자 하는 노력은 꼭 젊은 사람들만의 특권은 아니다. 기회란 끊임없이 자기 길을 찾으며 걷는 사람에게 찾아오는 선물과 같다. 나이가 젊든 아니든 말이다. 질투와 부러움을 내 안에서 거두고, 나와 똑같은 현실임에도 기회를 잡아 성공을 이루는 사람들을 돌아보자. 그러면 자연히 나도 저렇게 될 수 있다는 힘과 희망을 얻게 된다. 상대방은 가졌지만, 내가 가지지 못한 것에 집중하며 비관하는 행위는 실로 어리석다. 나는 나고 현실은 현실, 내 꿈은 내 꿈이다.

세상에는 어쩔 수 있는 것과 어쩔 수 없는 것이 있다. 내가 할 수 있는 것이 있고 내가 할 수 없는 것이 있듯 말이다. 그러니 내가 할 수 있는 것을 찾아 적극적으로 움직여야 한다. 복권도 사야 당첨되고, 예술가도 작품 활동을 해야 그 가치를 인정받을 수 있다.

내 출신을 바꾸는 것은 내가 할 수 없는 일이다. 죽었다 다시 깨어나도 하루아침에 재벌가 장손이 될 순 없는 노릇이다.

그렇다면 내가 당장 할 수 있는 일이 뭘까?

그래서 나는 나를 둘러싼 세상을 배우기로 했다.

친애하는 나의 자존감 도둑들

● ▶

급변하는 세상 속에서 나타나는 새로운 현상들이 있다. 그중 하나가 직장인들의 빠른 퇴사이다. 수년 전까지만 해도 정년 퇴임을 앞둔 분들 사이에서 '인생 2모작'이라는 단어가 유행했다. 퇴사 이후에 다른 직장이나 직업을 가져야 한다는 움직임과 그 궤를 같이했다. 그런데 최근에는 3모작 혹은 4모작으로 바뀌더니 직장을 다니는 젊은 세대도 N잡러가 대세다. 한 직업으로 평생을 살던 시대는 가고, 3~4가지 직업을 가져야 하는 시대가 온 것이다. 속도가 어찌나 빠른지 그 변화를 따라가기가 버겁다.

SNS도 마찬가지다. 싸이월드와 카카오스토리를 거쳐 인스타그램이 대세가 되었다. 지식을 공유하는 플랫폼도 지상파 방송과 신문, 책에서 포털 사이트로, 지금은 유튜브가 가장 핫하다.

내가 유튜브를 시작한 이유는 책을 쓰던 그때 마음처럼 직업의 다양성을 보여 주고, 상상과 현실의 온도 차이를 젊은 직업 준비생들에게 정확하게 전달하고 싶어서이다. 또한, 시대적 변화에 적응하고 뛰어들어야 한다는 마음도 있었다. 그런 결단이 지금 결과를 만들어 낸 듯하다.

하지만 내 결정에 다들 지지를 보내지만은 않았다. 처음 유튜브를 시작할 때 아버지는 "유튜브가 얼마나 갈 것 같아?"라고 반문하셨다. 연세 드신 아버지가 유튜브가 얼마나 거대한 글로벌 기업인지 아실 리가 없는 데다가 내가 나아가고자 하는 방향이 아버지의 뜻과 맞지 않은 탓에 못마땅하셨던 거다. 안정을 가장 중요하게 생각하는 세대인 아버지로서는 당연한 반응이었다. 그러나 내게 그 말씀이 곱게 들리지만은 않았다.

지금이야 달라졌지만, 친한 친구나 가까운 주변 반응 역시 별반 다르지 않았다. 아마 내가 지금껏 살아오면서 가장 많이 들었던 말이 "네가 그걸 할 수 있을 것 같아? 그냥 하지 마."이니 말이다.

비단 유튜브만이 아니다. 대학을 그만두고 사회에 나와 한 모든 도전에서 나는 이 말을 들었다. 그리고 그때마다 시작하기도 전에 힘이 빠지는 경험을 했다. 그 탓인지 나는 내 결심을 남에게 털어놓지 않게 되었다. 가까운 이들에게는 더 숨겼다. 내가 실패를 겪고 힘들까 봐 걱정되어 그랬겠지만, 그때는 그 말이 그렇게 섭섭하게 들릴 수 없었다.

누구든 나를 잘 아는 사람에게만은 지지를 받고 싶어 한다. 그리고 그들에게 결정이 아닌 동의를 받고 싶어 한다. 아주대 교수이자 사회학자인 노명우 교수님의 저서 『세상 물정의 사회학』에는 이런 말이 나온다.

'부러움은 질투와 다르다. 질투는 경쟁자에게 느끼는 감정이다. 나와 별다른 바 없는 외모를 지닌 사람인데, 주변 사람에게 인기가 있으면 질투가 생긴다. 하지만 후광이 비칠 정도로 완벽한 몸매와 얼굴을 지닌 사람은 감히 질투하지 않는다.'

나 역시 이 말에 전적으로 동의한다. 배우 정우성이나 이재용 회장을 부러워하지, 질투하지는 않으니 말이다. 그런데 나와 비슷한 외모와 조건을 가진 남자가 여성들에게 인기가 많다면 그를 질투하게 된다. 이 정도라면 내가 이길 수도 있지 않겠냐는 마음이 들기 때문이다.

한 인간의 경험에는 어느 정도 한계가 있다. 그리고 내 주변 사람이 나보다 훨씬 나은 경험을 했을 확률은 매우 낮다. 내 주변은 나를 잘 나타내는 척도이기 때문이다. 다시 말해, 내가 아는 수준

유튜브의 정석

과 별반 차이가 없다. 잘 몰라서, 경험해 보지 않아서. 그래서 반대밖에 할 수 있는 것이 없다며 이해하려 해도 상처가 나고 아프다.

사실, 제 감정을 가감 없이 드러내도 서로가 떠나지 않을 것이라는 믿음이 문제다. 서로에게 더 가혹해지는 탓이다. 오히려 원거리에 있는 사람들이 내 용기에 조건 없는 응원을 보낼 확률이 더 높다. 나의 환경, 성격 같은 것보다 무언가를 하겠다는 내 의지를 보기 때문이다.

내 자존감을 훔치는 주변인들을 오히려 안쓰럽게 여기자. 그리고 그들이 반대했던 시도가 질투가 아닌 부러움이 될 수 있도록 하자. 그 사람들을 향한 복수가 아니다. 안 될 거라는 편견을 향한 복수다. 마음이 시키는 일을 따르는 내 모습에 확신을 품고, 가까운 사람들의 좁고 낮은 프레임에 물들지 않도록 주의하자.

다이어트의 성공만 긁지 않은 복권이 아니다. 내 삶에 새로운 변화를 주겠다는 시도가 긁지 않은 복권임을 명심하자.

일과 휴식의 분리

● ▶

유튜버라는 직업은 프리랜서 사업자라고 할 수 있다. 앞에서도 말했듯이 정확한 출퇴근 시간이 없고 눈치를 봐야 할 상사도 없다. 그래서 사람들은 회사가 정해 놓은 시간에 맞춰 일하기 어렵고, 상사 스트레스가 심하다며 나를 부러워하기도 한다. 하지만 반대로 생각해 보자. 그들은 주어진 시간만 채우고 퇴근하면 오롯이 자기만의 시간을 가질 수 있다. 일정한 일정표가 있으면 일과 휴식을 자기 리듬에 맞게 적절히 배분할 수 있다. 그러나 나는 일과 삶을 분리하기 어렵다. 프리랜서를 인터뷰할 때 나는 물어보곤 한다. 자유로운 직업을 가진 사람이 일을 계속할 수 있는 가장 중요한 것이 무어냐고, 그러면 모두가 입을 모아 자기 관리를 강조한다. 일과 사생활의 경계가 없는 만큼 나태해지기도 쉬워 한 번 리듬이 깨지면 회복이 쉽지 않기 때문이다. 게다가 경쟁자들보다 뒤떨어질 위험성이 높은 것도 이 직업의 힘든 점이다.

유튜버라는 직업은 나와 여러모로 잘 맞고 상당한 기쁨을 느끼게 한다. 그래서 이 일을 시작한 이래로 줄곧 앞만 보고 달렸던 듯하다. 조금이라도 게으름을 피우는 것 같으면 자기를 강하게 나무랐다. 일하지 않는 시간의 소중함 따위는 생각조차 하지 않았다. 가능한 한 많은 영상을 올리려고 했고 조회 수에 민감하게 반응하며 초반에는 일에만 집중했다.

그렇게 자리를 잡아 갈 무렵이었다. 갑작스럽게도 할아버지가 돌아가셨다. 모두가 슬픔에 잠겨 있던 장례식장에 나는 노트북을 가져갔다. 조문객을 맞으면서도 시간이 날 때마다 영상을 편집했다. 하루라도 늦으면 일에 문제가 생길 듯했고, 영상을 기다릴 구독자들을 생각하면 마음이 급했다. 한마디로 정의하면 일에 미쳐 살았다. 슬픔이 허락된 시간에도 마음껏 슬퍼할 수 없었으니 말이다. 머지않아 내게 찾아온 번 아웃은 사실 예정되어 있었다.

말로만 듣던 번 아웃의 여파는 컸다. 차라리 일하기 싫으면 다행이었다. 아무것도 하고 싶지 않았고 그저 멍하니 누워만 있고 싶었다. 그제야 나는 내가 왜 이런 상태에 빠졌는지 원인을 찾아

보았다. 그리고 인간이 가진 에너지 한계에 깊이 공감했다. 그때까지 나는 오로지 일에만 몰두했다.

몇 달 전 울릉도로 여행을 떠났을 때도 이와 비슷한 깨달음을 얻었다. 가는 곳마다 펼쳐지는 멋진 풍경에 가슴이 확 트이는 건 좋았지만, 부지불식간에 카메라에 손을 대는 나 자신을 종종 발견했다. 그럴 때마다 나는 흠칫 놀라 다시 손을 뗐다. 카메라 촬영 버튼을 누르는 순간 여행이 출장으로 변할 것을 알기 때문이었다. 그때 여행 목적은 오랫동안 쉼 없이 달려온 나에게 잠깐이나마 활력을 주고 의식을 환기하기 위함이었다. 그런 목적을 버리고 일을 해서는 안 된다고 생각했다. 마음을 다잡으며 온전히 휴식에 집중하는 시간을 보낸 결과는 만족스러웠다. 가라앉았던 의욕이 다시 고개를 내민 것이다. 그 여행을 통해 나는 휴식이 일만큼의 무게를 가졌으며, 아주 중요하다는 깨달음을 얻었다.

구글 직원들은 업무 시간 20%를 자유 시간으로 부여받는다고 한다. 일과 분리된 자유 시간을 온전히 휴식으로 쓰면 업무를 뛰어넘어 그 너머를 볼 수도, 다가갈 수도 있다고 믿기 때문이다. 그 시간에 직원들은 누구의 간섭도 없이 마음껏 자기가 하고 싶은 일을 한다. 그리고 업무와 무관한 일을 하면서 창조적 아이디어를 떠올린다. 그 아이디어는 다시 자기 일에 적용된다. 한마디로 선순환이 일어난다.

휴식은 아이디어를 제공한다는 것 이외에 내 삶에 충만한 감정을 갖게 하기도 한다. 타로 마스터 정회도 대표님도 이런 이야기를 한 적이 있다.

"내 삶에서 어떤 일을 할 때는 내가 행복하다는 걸 아는 일이 굉장히 중요합니다. 큰 비용과 에너지를 쓰지 않아도 그 행복을 계속 유지할 수 있어야 해요. 그런 감정은 지금 하는 일을 지치지 않고 꾸준하게 할 수 있는 힘이 됩니다."

일과 휴식을 분리해야 하는 이유는 또 있다. 그 둘의 상호 작용으로 생기는 긍정감이 엄청나게 큰 힘을 발휘하기 때문이다.

자기를 충분히 들여다보는 점검과 휴식은 인간에게 꼭 필요하다. 그것은 우리가 만나는 고비들을 잘 넘기게 해 주는 원동력이며, 매시간을 의미 있게 만들어 준다. 날마다 같은 자리에서 같은 방식으로 일하며 고정된 생각으로는 매번 만족할 만한 성과를 낼 수 없다. 유지 또한 어렵다. 아무리 조급한 마음이 들어도 한 발짝 물러나 숨을 고르는 시간을 가져야 한다.

비워야 채울 수 있고 채워야 비울 수 있다.

타인의 노력을 깎아내릴 때 찾아오는 안도감

● ▶

「슈퍼스타 K」라는 오디션 프로그램이 공전의 히트를 기록했다. 그 후로 수많은 유사 프로그램이 생겨났다. 어떨 때 보면 모든 채널을 오디션 프로그램이 장악한 듯하다. 아이들이 경연자로 나선 「위키드」, 트로트를 주제로 한 「미스 트롯」, 「미스터 트롯」, 댄서들의 공연으로 화제가 된 「스트릿 우먼 파이터」 등등. 일일이 나열하기 힘들 정도로 프로그램이 많고 장르도 다양하다. 그리고 거기에는 우리가 이렇게 예술적 재능이 탁월한 민족이었나 싶을 정도로 많은 실력자가 등장한다. 그런데 출연자 중에 조금 애매한 실력을 지닌 사람이 나올라치면 바로 이런 댓글이 달린다.

'나도 저 정도는 하겠다.'

'저 실력으로 여기 나올 생각을 했다니 용기가 대단하네.'

내가 보기에, 많은 국민이 보는 방송에 나와 자기 꿈을 알리고 그간 갈고닦은 실력을 선보이는 그 사람들은 정말 용기 있고 멋지다. 그러나 일부는 남을 깎아내리기 바쁘다. 이런 현상은 비단 방송뿐이 아니다. 누군가가 큰돈을 벌었거나 성공했다는 얘기를 들으면 이렇게 말하는 이가 꼭 있다.

"걔가 어떻게 그랬대? 나보다 잘난 거 하나 없는데?"

그 사람이 성공한 진짜 이유를 찾기보다는 자기 아래로 끌어내리기 급급하다.

"야, 요즘 OO가 유튜버를 한다며?"

"어. 나도 들었어. 인기가 많다고 하더라. 돈도 엄청 많이 번대."

일단은 부러움 섞인 말들로 대화가 시작된다. 그다음은 그 일이 얼마나 힘든지로 화제가 이어진다.

"그것도 상위 1%는 되어야 돈을 번다던데?"

"그러게. 구독자 30만 이하면 돈도 안 된대."

부러움과 그 일의 단점까지 이야기하고 나면 내가 그 일을 하지 않아서 참 다행이라는 안도감에 빠진다.

"괜히 알려져서 뭐가 좋다고. 그리고 그거 언제 떨어질지도 모르잖아?"

"그냥 회사 들어가서 월급 또박또박 받으며 사는 게 속 편해."

대화에서 안도감이 느껴지면 비아냥으로 마감된다.

"마이크랑 카메라 사서 아무거나 몇 마디 떠들면 되는 거 아니야?"

"내용도 별것 없던데. 사람들은 그걸 왜 보는 거래?"

이 대화들을 쭉 정리해 보자면 다음과 같다.

'좀 부럽다 → 그런데 성공하기가 쉽지 않다 → 차라리 내가 낫다 → 별거 아니다'

이솝 우화에서 나오는, 자기가 따먹을 수 없는 포도를 바라보며 "분명 저건 신 포도일 거야"하고 포기를 정당화하는 여우와 다를 바 없다. 눈에 보이는 빛나는 모습만으로 그들이 그 무대에 오르기까지 얼마나 많은 피, 땀, 눈물을 흘려야 했는지 몰라서 하는 소리다. 아니 알고 싶어 하지도 않는다. 그 모든 것과 직접 대면하기 두려우니 말이다.

막상 직접 해 보려니 무얼 어떻게 해야 할지도 모르겠고, 많은 것을 희생해야 하는 수고로움을 알고 있으니 도무지 자신이 없다. 그래서 일단은 남부터 끌어내린다. 그리고 그들이 나와 비슷해졌다며 안도한다.

생각해 보면 나도 이런 패턴에 빠져 살았던 적이 있었다. 내가 올라가려는 노력 없이 남을 비하하고 나서 드는 안도감에 젖어 살았다. 그러다 어느 순간 그런 사고 패턴으로는 '내 삶이 정말 나아지지 않겠구나'하는 각성을 뼈저리게 했다. 그리고 그런 패턴이 계속되었을 때 내 미래를 상상해 보니 지금 그대로의 연장이었다. 누군가의 도전과 성과가 부럽다면 나도 그만큼 노력해야 하는데 그 성과를 그저 별것 아니라며 깎아내리던 내가 참으로 한심하게 느껴졌다.

상대방이 가진 것, 그러나 내가 가지지 못한 것을 무조건 비판하지 말자. 시든 달든 일단 씹고 맛보고 느껴 봐야 한다.

인디언 속담에 '남의 신발을 신고 걸어 봐야 그 사람의 마음을 이해한다'라는 말이 있다. 우리는 그 삶을 살아 보지 않고 먼저 비난하는 오류에서 벗어나야 한다. 그리고 무언가를 해 보려는 시도에 시간을 써야 한다.

전 국민이 아는 유명인들도 빛나지 않은 시간을 묵묵히 견뎌낸 경험이 있다. 내 눈에 띄지 않았을 뿐, 한 번에 이름과 얼굴을 드러낸 사람은 없다.

10년이라는 긴 무명 시절을 보낸 배우, 고정 프로그램이 없어 곤충 탈을 써야 카메라 울렁증을 조금이라도 극복할 수 있었던 MC, 개그맨이 꿈이었던 유명 BJ, 셰프가 되고 싶어 유학까지 다녀온 요리 유튜버 등등. 그 사례는 이루 셀 수 없이 많다.

무턱대고 내 기준으로 사람을 판단해 누군가를 깎아내리지 말자. 그들에게 그런 면만 보인다면 당신은 아직 아무것도 시도하지 않았을 가능성이 크다.

아는 만큼 보인다고 했던가?

그들이 빛나지 않던 시간에 쏟은 노고가 보이는 사람은 그 자신도 그런 시간을 보냈거나 보내고 있을 것이다.

그런 사람은 누군가를 쉽게 비난하지 않는다. 오히려 응원을 보낸다. 그리고 그 사람 역시 주변 사람에게 응원을 받는 사람이 되어 있을 것이다.

유튜브의 정석

겸손하게, 그러나 만만하게
보이지는 않게

● ▶

내게 강연하는 법을 가르쳐 준 교수님은 사람들 앞에서 강연하는 기술 이외로 중요한 덕목을 강조하셨다. 내가 앞으로 살아가면서 어떤 직업을 가지게 되더라도 가슴에 꼭 새기고 살아야 할 그것은 바로 '겸손'이었다.

'남을 높여 귀하게 대하고 자기를 낮추는 태도'가 '겸손'의 사전적 의미이다. 그러나 나는 '겸손'을 조금 다르게 해석하고 있다. 바로 남과 나를 동등하게 여기는 마음이라고 생각한다. 나보다 강하고 잘난 사람들 앞이라고 이유 없이 기가 죽을 필요가 없으며 나보다 약하게 보이는 사람을 함부로 대해서도 안 된다. 내 삶을 통해 얻은 '겸손'이 무엇인지와 관련한 결론이다.

물론 어떤 분들은 마음에서부터 존경하는 마음이 들기도 한다. 그러나 그것과는 또 별개 문제이다. 그런 분들을 직접 만나면 당연히 내 마음을 자연스레 표현하겠지만, 자기를 먼저 낮출 필요는 없다.

교수님의 가르침 덕분에 내 지갑에는 겸손과 침묵이라는 단어가 크게 붙어 있다. 글씨를 프린트해서 코팅까지 한 다음 지갑에 붙여 놓았다. 계산할 일이 있을 때마다 이 두 단어와 자연스럽게 마주하면서 초심을 잃지 않기 위함이다.

나에게 가장 큰 결괏값을 가져다준 내 행동이 무엇이냐고 묻는다면 나는 이렇게 말하고 싶다.

내 안에서 생긴 질문에 해답을 줄 사람을 찾아가서 만나고 조언을 들었기 때문이라고! 그리고 '겸손'을 조금 더 확장해 이해했기에 가능했다고.

겸손을 확장하자 나보다 많이 배우고 다양한 경험을 하신 분에게 조언을 구하는 일에 자존심이 상하지 않았다. 내 성장 동력인데 자존심이 상할 일이 뭐가 있겠는가! 그러한 마음가짐은 내가 직접 겪고 배우고 습득하는 과정에서 써야 하는 시간을 상당히 줄여 주었다. 그들이 말하는 것 중에 약이 되는 말을 잘 골라 받아들이면 어떤 공부를 통한 경험보다 강하게 가슴에 남는다. 이렇듯 겸손은 내가 모르는 새로운 것을 습득해야 한다는 마음이기도 하다.

겸손이란 나와 타인이 동등하다고 여기는 일이라고 생각한 이유가 또 있다.

어떤 사람도 완성된 모습으로 태어나지 않으며 삶을 다할 때까지 어떤 일이 닥칠지 모른다고 판단했기 때문이다.

그것은 모든 인간에게 해당하는 일이기도 하다. 내가 누군가에도 도움받게 되더라도 언젠가 그 도움을 내가 줄 수도 있다. 당사자가 아니더라도 내가 필요한 다른 사람에게 되돌려 줄 수도 있다.

나는 서로를 평등하게 여기는 것이 겸손이라 생각한다. 그러나 나를 대하는 사람들이 모두 그런 생각을 하는 것은 아닌 듯하다. 가끔 무례한 사람들과 만나기도 한다. 메일이나 전화로 또는 직접 찾아와서 나와 인연을 맺고 싶어 하는 분 중에는 겸손을 생각하지 않은 분들도 있다. 자기가 가진 지위로 우위를 점유하고 싶어 하거나 무리한 요구를 하기도 한다. 자기 잘못이 분명한데도 내가 더 알려졌다는 이유로 협박하기도 한다. 이런 태도는 겸손이라는 미덕과 거리가 멀다. 겸손하지 않은 마음은 상황도, 자신의 가치도 전혀 나아지게 하지 않는다. 그런 사람을 만날 때는 단호하게 자기 상황을 밝히고 논리적으로 잘잘못을 물어야 한다.

그래야 뒤탈이 없고 상대가 공격적 의도로 한 발 더 다가오지 않는다. 그리고 그것이 내 모습이라는 각인 덕분에 앞으로도 나를 쉽게 대하지 않는다.

내가 지갑에 겸손이라는 단어 옆에 침묵이라는 단어를 함께 붙인 것은 나도 사람이기에 민감하게 반응하기도 하기 때문이다. 그럴 때는 일단 입을 닫고 조용히 생각하는 시간을 갖는다. 지금 내가 하는 판단이 맞는지 재차 확인하는 작업을 거치고 생각의 숨 고르기 시간도 갖는다. 그러다 보면 내가 취해야 할 행동이 명확해진다.

우리나라에는 목소리가 큰 사람이 이긴다는 이상한 논리가 있다. 잘못의 주체를 떠나 기세가 등등하면 이긴다니 어이없는 대응 방식이다. 그러나 진실은 주머니 속에 든 송곳처럼 언젠가는 드러난다.

최근에 어떤 분에게 내 부족한 부분과 관련한 조언을 들었다. 나는 그 길로 서점에 가서 그 부분을 채워 줄 수 있는 책을 여러 권 구매했다. 그리고 집에 가자마자 바로 책을 읽었다. 책도 물음의 해답을, 알아야 하는 정보를 제공해 주는 매우 유용한 도구이다.

무엇이든 필요한 무언가를 배우겠다는 마음이 들면 답은 여러 방법으로 찾을 수 있다.

유튜브의 정석

나는 사람에게서, 책에서 배운 것 중 내가 기억해야 할 말이나 문장을 따로 메모하는 습관이 있다. 그것 또한 완벽하지 않은 존재임을 인정해서 하는 행동이다. 듣고, 읽고, 고개를 끄덕이는 것만으로 타인의 지식이 내 것이 되기는 힘들다. 그래서 메모라는 작업을 더 거쳐 언제든지 다시 찾아볼 수 있게 해 놓는다. 내가 그 말을 따르며 살고 있는지 기회가 될 때마다 확인할 수 있기 때문이다.

'겸손한 마음'으로 사람을 대하면 그 사람이 나의 기회가 될 가능성이 열린다. 그리고 무엇이든 배우겠다는 '겸손한 마음'은 나의 가치를 높여 주는 행동을 나 스스로 하게 한다. 그러나 만만하게 보이지는 말아야 한다. 자기를 낮추지도, 높이지도 않는 곳에서 타인을 무시하는 일도, 내가 무시당하는 일도 없게 하자.

겸손은 무조건 나를 낮추는 행위가 아니다.
나의 가치를 높이려는 행위인 동시에 나를 지키는 덕목이라는 사실을 명심하자.

유튜브의 정석

초판 1쇄 발행 · 2024년 11월 15일

지은이 · 황해수(직업의 모든 것)
펴낸이 · 김승헌
외주 디자인 · 유어텍스트

펴낸곳 · 도서출판 작은우주 | 주소 · 서울특별시 마포구 양화로 73, 6층 MS-8호
출판등록일 · 2014년 7월 15일(제2019-000049호)
전화 · 031-318-5286 | 팩스 · 0303-3445-0808 | 이메일 · book-agit@naver.com
정가 19,800원 | ISBN 979-11-87310-98-3 03320

| 북아지트는 작은우주의 성인단행본 브랜드입니다. |